Collection
Polars réels
dirigée par
Plana Radenovic

Margaux Mathieu, *Sambre, l'autre rive* (2024)
Thibault Tellier, *L'Enfant de La Courneuve* (2024)
Loïc Bussy, *L'éternelle innocente* (2024)
Romuald Muller, Élodie Rabé, *Ce petit morceau de tissu rouge* (2023)
Rédoine Faïd, *Depuis l'enfer gris* (2023)
Martine Henry, *Moi, maman de Jonathann* (2022)

Vincent Brengarth

Défendre l'impossible

Récit immersif
d'un procès de justice antiterroriste

Michalon Éditeur

Avant-propos
« Comment fais-tu pour défendre un terroriste ? »

C'est une question récurrente posée par mes proches ou au gré de rencontres, lorsque je décris mes activités professionnelles. Personne ne s'embarrasse du terme « suspect ». Pour beaucoup, les deux se confondent.

Cette question renferme à la fois tout le caractère fascinant, à tout le moins mystérieux, que peut représenter une telle défense chez des personnes non initiées, mais traduit aussi une forme de haut-le-cœur. Le terrorisme évoque l'une des criminalités les plus abjectes, au même titre – si une échelle très subjective du crime devait être dressée – que la pédophilie.

Le terrorisme a ceci de particulier qu'il frappe la collectivité. Il n'est pas rare, du reste, que le hasard me place en relation avec ses victimes directes ou indirectes. Le terrorisme entretient un climat de crainte que nous partageons tous et la société est, en très grande majorité et très légitimement, en communion avec ses victimes.

Il est d'autant plus présent dans les esprits que la France a été particulièrement frappée ces dernières années par la menace islamiste. Si un membre de ma famille était victime du terrorisme, je ressentirais très probablement une haine sourde, donnant naissance à un besoin de condamnation, voire de vengeance.

Je suis né en 1990, c'est ma génération qui a été frappée par les attentats de Paris en 2015. J'aurais également pu admirer le feu d'artifice, avec ceux qui me sont chers, à Nice, le 14 juillet 2016. Le principal défi est par conséquent de parvenir à empêcher que sa sensibilité prenne le pas sur la raison et, précisément, de composer sa défense avec une vision très claire quant à son rôle, mais également quant à ses limites. Être avocat avant tout.

Le rôle de l'avocat est de défendre avec les outils que la loi lui offre et dans le respect de ses obligations professionnelles et déontologiques. La « défense de rupture », propulsée par Jacques Vergès – qui écrivait : « *Le but de la défense n'est pas tant de faire acquitter l'accusé que de mettre en lumière ses idées*»[1]– n'a en effet, à ma connaissance, pas cours en matière de terrorisme islamiste. Aucun avocat n'a épousé les thèses djihadistes de ses clients, ou alors en franchissant le Rubicon et en devenant totalement et irrévocablement indigne de porter notre robe. Je n'ai vu, et fort heureusement, aucun avocat contester la légitimité même des juges en matière de terrorisme islamiste, même si le fonctionnement de cette justice peut, par ailleurs, être très critiqué, car il est critiquable.

L'«avocat de la terreur» est aujourd'hui, plus que jamais, légaliste. Il œuvre dans le sens du droit. À l'opposé des visions simplistes, si ce n'est caricaturales, il n'est pas le «complice» de son client, ou alors complice au sens de l'aide apportée à l'accomplissement d'une mission, celle de sa défense. L'avocat est, par sa seule présence, la manifestation concrète d'une démocratie qui parvient à vaincre après l'abominable. Chacun dispose du droit d'être défendu, même ceux qui sont considérés comme les pires criminels. C'est la force de l'État de droit. Cette défense est une forme d'apaisement, là où notre justice pourrait basculer dans la vengeance et privilégier la loi du Talion – autrement dit, «œil pour œil, dent pour dent».

1. *De la stratégie judiciaire*, Éditions de Minuit, 1968 [rééd. 1981].

Je rappelle ce qui est pour moi une évidence : les terroristes meurent car ils sont généralement, et à de très rares exceptions, neutralisés par les forces de l'ordre. Le GIGN a, par exemple, tué les frères Kouachi, auteurs de l'attentat contre *Charlie Hebdo* en 2015[2] ; Abdelhamid Abaaoud, organisateur présumé des attentats de novembre 2015[3]. Les forces de l'ordre ont parfaitement conscience du fait que la mort peut être recherchée par les assaillants après la commission de leurs crimes ou s'ils ont été empêchés de les perpétrer. La phrase de Mohamed Merah au RAID est de ce point de vue éloquente : « *Moi, la mort, je l'aime comme vous, vous aimez la vie* »[4]. Elle fait partie de la conception mentale des terroristes les plus forcenés. Les forces intervenantes adoptent leur riposte en fonction de cette réalité liée à l'imprégnation idéologique. Le cadre légal a également évolué : le législateur a intégré, en 2016, la notion du « périple meurtrier », prévoyant la possibilité pour les fonctionnaires d'utiliser plus facilement leurs armes « *dans le but exclusif d'empêcher*

---

2. « *Charlie Hebdo* : de l'attentat à la neutralisation des terroristes », Francetvinfo.fr, 9 janvier 2015 [12 janvier 2015].
3. « Qui est Abdelhamid Abaaoud, cible principale de l'assaut de Saint-Denis ? », TV5 Monde, 19 novembre 2015 [24 décembre 2021].
4. « Mohamed Merah : "Moi la mort, je l'aime comme vous vous aimez la vie" », *Le Nouvel Obs*, 9 juillet 2012.

la réitération, dans un temps rapproché, d'un ou de plusieurs meurtres ou tentatives de meurtre venant d'être commis, lorsqu'ils ont des raisons réelles et objectives d'estimer que cette réitération est probable au regard des informations dont ils disposent au moment où ils font usage de leurs armes»[5] et, par conséquent, sans attendre de devoir «riposter».

Les procès de terrorisme concernent ainsi, très souvent, des personnes qui sont en périphérie de l'acte, au mieux des complices, généralement impliqués dans une «association de malfaiteurs terroriste» dont je reparlerai. Ce sont des «seconds couteaux», ceux dont la présence peut aussi garantir la tenue d'un procès lorsque les principaux assaillants sont morts et que l'action publique (soit l'action devant les juridictions pénales) s'éteint avec le décès.

Cette défense représente *a minima* un double défi pour les avocats qui l'acceptent. Il est non seulement celui d'une défense individuelle mais, à travers elle, d'une défense des grands principes de notre État de droit. Il s'agit en effet d'une matière dans laquelle le droit n'a de cesse de s'éroder. La persistance de la menace terroriste conduit à élargir le champ des poursuites et l'application de certaines

---

5. Article 122-4-1 du Code pénal, qui sera repris au sein de l'article L435-1 ; du Code de la sécurité intérieure (CSI).

infractions à des cas parfois très éloignés de l'attentat lui-même. La diminution des droits des personnes poursuivies dans ces affaires commande d'exercer une grande vigilance et, disons-le, une forme de résistance. Elle s'applique face à des procédures qui sont régulièrement très à charge en phase d'enquête et d'instruction ; où la détention provisoire est reine. Cette résistance implique également de lutter contre une justice qui, trop souvent, est rendue mécaniquement, parce qu'elle est certaine de ses acquis et qu'elle poursuit comme objectif la préservation de l'ordre public, face à laquelle l'innocence peut plus facilement être bafouée. C'est aussi une justice codifiée qui laisse peu de place à la surprise.

Ces considérations ont toujours animé mon action et mes engagements. J'ai prêté serment quelques mois après mes 25 ans, en décembre 2015 – en plein état d'urgence. Dans ce cadre, j'ai contesté, jusque devant le Conseil d'État, parfois le Conseil constitutionnel, des mesures administratives comme des assignations à résidence, la fermeture de lieux de culte, le gel des avoirs. Dans la défense des ressortissants français en zone irako-syrienne, mon exercice professionnel m'a également conduit à me rendre à Bagdad. Je suis intervenu à de multiples reprises devant la cour d'assises spéciale dans des dossiers notables : l'attentat manqué aux bonbonnes de gaz près de Notre-Dame en 2016, le procès dit de l'attentat déjoué à l'Euro 2016, l'affaire du meurtre d'Aurélie Châtelain et de la tentative d'assassinat contre une église de Villejuif en 2015, ou l'attentat de Magnanville.

Mes positions actuelles se fondent sur plusieurs années de pratique à tous les stades de la procédure. En 2022, alors que des avocats de la défense dans l'affaire des « attentats du 13 novembre 2015 » avaient dénoncé dans *Le Monde* l'absence d'exemplarité du procès, j'avais soutenu en réponse que si le droit avait été malmené pendant ce procès, cet état de fait était loin de constituer une exception par rapport aux autres procès terroristes. Tout au plus, son ampleur sans précédent rendait plus visibles que jamais les biais congénitaux de cette justice antiterroriste[6].

Défendre des suspects de terrorisme fait presque figure de défense impossible. Mon avis n'a pas évolué depuis. Il s'est même affermi.

L'idée de ce livre est naturellement venue avant même le procès en appel de l'attentat de Nice. Alors que mon expérience me permettait de considérer

6. « Le procès des attentats du 13 Novembre est symptomatique des déficiences de la justice antiterroriste », *Le Monde*, 25 juillet 2022.

que tout était joué d'avance après la condamnation intervenue en première instance et que je savais apporter mon concours à ce que je percevais comme un simulacre judiciaire, j'ai cherché à lui donner du sens au-delà de la défense de mon client. À prolonger l'expérience pour la partager au plus grand nombre. À donner du sens à l'énergie que j'allais y consacrer. Ce livre est la suite logique de mon implication. Il est également le fruit des échanges et de la confiance avec la direction de collection Plana Radenovic.

J'ai cherché à décrire les dysfonctionnements de cette justice antiterroriste, en révéler les recoins, en m'appuyant sur l'exemple du procès de l'attentat de Nice en appel et la défense de l'un des accusés, Oualid G. J'ai voulu mettre à profit le recul dont je dispose en la matière pour mieux décrypter les enjeux particuliers de cette affaire dans le contexte plus global de la lutte antiterroriste. Ce livre me donne plus généralement l'occasion d'offrir un point de vue, par essence subjectif, sur une justice dont on évoque finalement peu souvent le fond.

Ce livre a été volontairement rédigé au gré des jours d'audience, pour un récit évolutif et au plus proche de ma perception – au plus près de ce que j'ai pu vivre et ressentir.

Cet ouvrage propose de vivre l'expérience de la défense de l'intérieur, à travers les yeux d'un avocat de la défense, en donnant au lecteur une place à nos côtés. Il n'est pas une fiction. Il est une immersion, le temps de ces pages, dans notre combat, si difficile et si beau. Si, naturellement, il peut souffrir d'un biais consécutif à son positionnement (et qui se vérifie à travers le choix des anecdotes, des souvenirs d'audience), il n'entend pas moins apporter les précisions permettant au lecteur de nourrir sa propre réflexion. Il est une invitation à la réflexion dans une société qui trop souvent s'y refuse. Il est avant tout le livre d'un avocat de la défense qui prétend à l'objectivité sans peut-être jamais y parvenir.

J'ai entendu en livrer les enjeux, partager mes doutes, mes moments d'indignation pour que le lecteur puisse se mettre dans la peau d'un « avocat de la terreur » du XXIe siècle.

L'attentat de Nice

4 minutes et 17 secondes. C'est la durée de la course folle du camion de 19 tonnes de Mohamed L. B. qui a conduit, le 14 juillet 2016, à un bilan effroyable : 86 personnes décédées, âgées de 3 à 92 ans ; plusieurs centaines de personnes blessées ; et plusieurs milliers psychologiquement atteintes.

La section antiterroriste du parquet de Paris ouvre très rapidement une enquête de flagrance, impliquant des services hautement qualifiés : la Direction centrale de la police judiciaire (DCPJ) et la Direction générale de la sécurité intérieure (DGSI). Le service coordonnateur sera la sous-direction antiterroriste (SDAT). Les investigations se déroulent sous la vigilance du pouvoir politique, avec toute la pression que cela implique. François Hollande et Bernard Cazeneuve seront d'ailleurs appelés à témoigner en première instance[7].

7. « Procès de l'attentat de Nice : François Hollande et Bernard Cazeneuve appelés à la barre », tf1info.fr, 7 août 2022.

Le conducteur du camion est rapidement identifié. Né en 1985 à M'saken, en Tunisie, Mohamed L. B. est le deuxième enfant d'une fratrie de dix. Il a été notamment chauffeur-livreur, conducteur routier et déménageur. La conduite d'un camion était en adéquation avec ses activités professionnelles.

Les investigations, dont les auditions de ses parents, révèlent une personnalité agressive et violente, à tel point que son père le conduira consulter un psychiatre à partir de l'âge de 16 ans. Mohamed L. B. boit, fume, mange du porc et apparait obsédé par le sexe et fasciné par la violence[8]. Il a plusieurs maîtresses et un amant, auquel il montrera des vidéos violentes, dont une mettant en scène des décapitations d'otages[9].

Son épouse, Hajer K., cousine germaine avec laquelle il était en instance de divorce au moment des faits, décrira des violences conjugales, des viols. Son état psychologique ne lui permettra malheureusement pas de venir témoigner ni en première instance, ni en appel.

Plusieurs procédures avaient été suivies contre lui au tribunal de grande instance de Nice. En 2016,

---

8. « "Obsédé", "inhumain", l'insaisissable personnalité du tueur de Nice », *Libération*, 1er octobre 2016.
9. « Procès de l'attentat de Nice : le terroriste, un homme "gentil" et "influençable" selon son amant et ses deux maîtresses », France3.fr, 28 octobre 2022.

il avait été mis en cause pour avoir frappé le passager d'une voiture avec un morceau de palette, entraînant 5 jours d'incapacité totale de travail (ITT). Il avait été condamné à la peine de six mois d'emprisonnement avec sursis.

En revanche, il était inconnu des services antiterroristes.

Il est peu dire que les pouvoirs publics sont passés à côté de la personnalité de Mohamed L. B., en dépit des alertes de son épouse. Pourtant, il sera entendu s'agissant des violences commises sur son épouse, sans manifestement retenir l'attention des enquêteurs. Nos enquêteurs n'ont rien vu.

Très rapidement, les investigations mettent en lumière une possible implication de son entourage. Huit personnes sont placées en garde à vue et cinq sont déférées, dont Oualid G.

Ce dernier se présente spontanément aux enquêteurs le 15 juillet 2016. Après avoir été entendu en qualité de témoin, il fera l'objet de pas moins de dix auditions de garde à vue.

Le 21 juillet 2016, une information judiciaire est ouverte. Le même jour, Oualid G. est mis en examen par le magistrat instructeur. D'autres interpellations interviendront. Dix personnes seront finalement mises en examen.

Les investigations révèlent que le camion a été loué du 11 au 13 juillet à l'agence de location Via Location, située à Saint-Laurent-du-Var, commune limitrophe de Nice. Mohamed L. B. a également effectué des recherches auprès d'autres sociétés, dont l'agence ADA. L'élément est important : le 5 juillet, à 11 h 07, il envoie à Oualid G. un message mentionnant « ADA » ; à 11 h 08, il envoie également un message mentionnant « ADA » à Chokri C. ; idem à 11 h 09 à Ramzy A. Tout au long des investigations, les enquêteurs s'efforceront de déterminer s'ils avaient compris le sens de cette mention comme faisant référence à l'agence de location, et s'ils étaient informés des démarches en cours.

Les investigations révèlent aussi que l'auteur de l'attentat avait fait plusieurs repérages les jours précédant les faits. Le 11 juillet, il monte sur le trottoir de la Promenade des Anglais avec son camion. Le 12 juillet, il s'engage à nouveau sur le trottoir, feux de détresse allumés. Même chose le 13 juillet, où il tente de passer sous les pergolas.

Le 14 juillet, c'est à partir de 22 h 33 que les caméras de surveillance saisissent l'innommable. Le camion s'immobilise subitement à 22 h 35 (les experts indiqueront par la suite que cet arrêt était d'origine mécanique). Des policiers font feu. Mohamed L. B. est neutralisé à 22 h 37. Des armes sont découvertes dans le véhicule, dont des armes factices.

Sur l'écran non verrouillé du téléphone figure le message suivant, reproduit ici dans son intégralité :

> Salam Ramzy, je suis passé tout à l'heure au taxiphone 16 rue Marceau je t'ai pas trouvé. Je voulais te dire que le pistolet que tu m'as donné hier c'est très bien, alors on ramène 5 de chez ton copain, 7 rue Miollis, 5e étage. C'est pour Choukri et ses amis.

C'est l'énigme sur laquelle se pencheront, sans succès, les enquêteurs et le juge d'instruction pendant de nombreuses années. Cette énigme, que les avocats tenteront également de résoudre, demeure encore aujourd'hui, alors que de très nombreux éléments renvoient à la commission d'un acte volontaire, celui – selon le vocable employé par nos propres services antiterroristes – d'un « loup solitaire ».

Les faits reprochés

La perquisition réalisée au domicile de Mohamed L. B. a permis de retrouver des éléments en lien avec Oualid G. Son nom et son numéro de téléphone figurent, comme ceux d'autres personnes, au dos d'une feuille. Une déclaration de cession d'un véhicule C1 au profit de la société de l'épouse de Oualid G., en date du 13 juillet, a également été retrouvée.

Dans le téléphone de Mohamed L. B. se trouvent deux photographies prises dans le camion, quelques jours avant les faits, sur lesquelles figure Oualid G.

Deux SMS datant du 10 janvier 2015, provenant de la ligne de Oualid G., sont retrouvés. Ils peuvent être lus comme présentant l'action des terroristes de l'attentat de *Charlie Hebdo* sous un jour favorable. Différents messages interpellent aussi les enquêteurs, dont ceux évoquant l'agence de location.

Depuis le 18 juillet 2015, soit en l'espace de près d'un an, 1 278 communications téléphoniques[10] avec la ligne de Mohamed L. B. sont établies.

Des fouilles menées sur l'ordinateur de Oualid G. révèlent, dans un premier temps, des recherches consacrées à *Charlie Hebdo*, à l'État islamique, au viol homosexuel. Un ancien collègue de travail dans l'hôtel où officiait Oualid G. le soir des faits soutiendra pendant l'enquête qu'il s'est écrié « *c'est lui, c'est lui* » en voyant les images du camion à la télévision, après avoir indiqué qu'il connaissait le locataire du véhicule. Ce témoin n'a pas pu être entendu par la cour d'assises parce qu'il a été... expulsé du territoire.

Oualid G. est décrit comme « *instable* » et « *paranoïaque* » par un autre témoin, un certain Saber B., qui jouera une place très importante dans l'accusation. Il affirmera que Mohamed L. B. lui avait indiqué que Oualid G. avait tenté de lui vendre une arme avant les faits. Les enquêteurs feront le rapprochement avec une vidéo de l'hôtel montrant un individu remettre à Oualid G., après 3 heures du matin, des petits objets qu'ils supposeront être des munitions, sans pouvoir l'affirmer.

---

10. Ces communications peuvent être des SMS, des messages vides, des appels plus ou moins longs, des appels masqués, etc.

Oualid G. est mis en examen le 21 juillet 2016 pour association de malfaiteurs terroriste criminelle, complicité d'assassinats (et tentatives) en bande organisée et en relation avec une entreprise terroriste, complicité de tentatives d'assassinats en bande organisée et sur personnes dépositaires de l'autorité publique en relation avec une entreprise terroriste.

C'est finalement une suite d'éléments à charge qu'on lui reproche qui, pris isolément, ne signifient pas grand-chose mais qui, selon l'accusation, pris dans un tout, composent le tableau de sa culpabilité. C'est pour ces éléments qu'il risque vingt ans de réclusion criminelle.

Avec mon confrère William Bourdon, nous l'accompagnerons tout au long de l'information judiciaire. Il sera entendu à plusieurs reprises.

Les premiers interrogatoires se déroulent dans l'ancien Palais, sur l'île de la Cité, dans la très sécurisée « galerie Saint-Éloi »[11], galerie emblématique pour tous les avocats qui ont pu la connaitre et qui abritait les juges antiterroristes. Il était impossible de ne pas y pénétrer sans en ressentir toute l'Histoire et la force. L'ultra-sécurisation du lieu, tranchant avec

11. « La galerie des neuf juges », Lesjours.fr, 23 août 2016.

un Palais lieu de vie et ouvert au public, vous situe immédiatement dans un endroit particulier, en vous imposant aussi le sentiment de la présence du risque. Le lieu vous le signifie : cette justice est à part.

Les explications apportées

Lorsque Oualid G. s'est présenté spontanément aux enquêteurs, après avoir eu connaissance de l'identité de l'auteur de l'attaque et pris conscience qu'il le connaissait, il a été très bavard, certainement trop. Je regrette l'absence de désignation de notre cabinet dès cette phase.

Ses premières, sans avocat, portent sur « les faits », ce qu'il sait de l'auteur et la nature de leurs relations. Impossible de savoir si des questions ont été posées par les enquêteurs à ce moment. Il s'agit d'un bloc de déclarations. Seules trois questions figurent dans le procès-verbal long de trois pages. Cette audition n'est pas filmée car, à ce moment-là, il n'est pas mis en cause. Le procès-verbal comporte sa signature, mais il nous sera impossible de vérifier ses déclarations, qui auront une incidence déterminante sur la suite de la procédure.

Il a reconnu être monté dans le camion avant l'attaque et a indiqué, entre autres, avoir remarqué un changement de comportement chez Mohamed L. B : ce dernier avait commencé à se laisser pousser la barbe et l'avait interrogé sur l'État islamique, sans que Oualid G. ne le prenne au sérieux.

Il sera placé en garde à vue sur la base de ses propres déclarations, et sans qu'aucun élément de l'enquête ne vienne corroborer ou contredire celles-ci à ce moment-là.

Au cours de la garde à vue – rappelons qu'une garde à vue en la matière peut aller jusqu'à 96 voire 144 heures –, il explique avoir eu une relation de camaraderie avec Mohamed L. B., qu'on lui reprochera ensuite avoir cherché à minimiser. Il reconnait être monté dans son véhicule de travail à plusieurs reprises, notamment pour aller acheter des cigarettes en Italie. S'il donne une date erronée (le 7 juillet au lieu du 11 juillet), il dit être monté dans le camion ayant servi à l'attaque et décrit, de manière spontanée, une conduite très agressive. Il évoque la rencontre de Mohamed L. B. avec plusieurs individus portant une longue barbe. Ces personnes seront par la suite identifiées et écartées des investigations.

Il reconnaît avoir acheté la voiture de Mohamed L. B. pour la somme de 2 500 euros. En revanche, il conteste être l'auteur des messages relatifs à *Charlie Hebdo*, les attribuant à un dénommé « Jamal A. », mais changeant d'explications sur les circonstances de la rencontre avec ce dernier.

Il ne parvient pas à expliquer les quelques messages conspiratifs envoyés par Mohamed L. B., auxquels il n'a d'ailleurs pas répondu. Quant aux recherches internet en lien avec le terrorisme, il les impute à l'ancien propriétaire de l'ordinateur, ce que confirmeront les investigations techniques. Seules des photographies en lien avec le terrorisme seront retrouvées et attribuées à Oualid G.

Il conteste avoir voulu vendre une quelconque arme à l'auteur de l'attentat et explique avoir eu une altercation avec le dénommé Saber B. L'enquête permettra à cet égard d'identifier le vendeur du pistolet 7,65 découvert dans l'habitacle du camion.

Oualid G. écrira beaucoup au juge d'instruction pour clamer, encore et encore, son innocence. De manière plus anecdotique, j'ai également souvenir d'un courrier daté de 2020 adressant ses vœux à la juge !

Il est placé en détention provisoire du 21 juillet 2016 au 6 août 2019. Nous demandons et obtenons sa mise en liberté après plusieurs années de détention provisoire. Cette mise en liberté, sous mesure d'assignation à résidence sous surveillance électronique, a été très difficile à obtenir compte tenu de la nature du dossier. La juge d'instruction avait retenu que la procédure ne mettait en relief aucun signe inquiétant de radicalisation chez notre client. Elle est aussi risquée, car elle serait synonyme de réincarcération en cas de condamnation, mais nous croyons fermement en son innocence.

Au cours de l'instruction, il s'expliquera plus généralement sur l'ensemble des éléments reprochés. Les investigations ont été très longues. Si elles ont permis d'attribuer les recherches à un autre utilisateur, certains points n'ont pas été élucidés. Le dénommé Jamal A., par exemple, n'a jamais été retrouvé.

Ces investigations demandent une vigilance permanente. Concrètement, il faut régulièrement demander au greffe du juge d'instruction les actualisations du dossier pénal qui contient la copie des actes réalisés, les examiner pour savoir si des éléments nouveaux ont été découverts en lien avec notre client. Il faut vérifier la régularité de la procédure, mais aussi songer à des actes nouveaux. L'erreur est de penser que, compte tenu des moyens mis en œuvre, tout est entrepris par les enquêteurs, et de manière parfaitement, ce que confirmera l'audience. Cela prend du temps, mais ce temps est nécessaire, surtout dans un dossier d'une ampleur aussi exceptionnelle.

Mise en accusation

Le 9 novembre 2020, après plus de quatre ans d'information judiciaire, les juges d'instruction prononcent un non-lieu partiel pour insuffisance de charges à l'encontre de Oualid G. du chef de complicité des crimes d'assassinats en bande organisée en relation avec une entreprise terroriste, de tentatives d'assassinats en bande organisée en relation avec une entreprise terroriste et de tentatives d'assassinats sur personnes dépositaires de l'autorité publique en bande organisée en relation avec une entreprise terroriste.

Il est toutefois mis en accusation du crime de participation à une association de malfaiteurs terroriste. La justice lui reproche d'avoir circulé le 11 juillet 2016 à bord du camion ayant servi à commettre l'attentat ; de s'être associé avec l'auteur de l'attaque et avec Chokri C. et Ramzy A. aux recherches concernant la location d'un poids lourd ; d'avoir réceptionné plusieurs messages envoyés par Mohamed L. B. relatifs à la préparation d'actions violentes, impliquant également Chokri C. et Ramzy A., notamment concernant la livraison d'armes.

Nous accueillons cette décision avec déception, car nous pensions le non-lieu total atteignable. Le combat de plusieurs années pour l'obtenir n'aura pas été totalement vain, mais nous nous rapprochons dangereusement du risque d'une possible condamnation au vu du fonctionnement souvent à sens unique de ces procès.

Nous avons interjeté appel de cette ordonnance de mise en accusation. Elle sera finalement confirmée, nous dirigeant immanquablement vers la tenue d'un procès aussi attendu que redouté.

*

Selon le Code pénal, un certain nombre d'infractions (dont les atteintes volontaires à la vie, les atteintes volontaires à l'intégrité de la personne) sont des actes de terrorisme, lorsqu'elles sont intentionnellement en relation avec une entreprise individuelle ou collective ayant pour but de troubler gravement l'ordre public par l'intimidation ou la terreur[12]. Le critère emportant la qualification

12. Article 421-1 du Code pénal.

terroriste d'un acte est donc le fait de troubler gravement l'ordre public par l'intimidation ou la terreur. Ce critère est particulièrement pertinent s'agissant de l'attentat de Nice, puisqu'aucune allégeance n'a été retrouvée de la part de l'auteur de l'attaque et que si cette dernière a été revendiquée par la suite par l'État islamique, cette revendication apparait avoir été de pure opportunité. Les éléments sur la santé mentale de Mohamed L. B., son attrait pour la violence, laissent planer un doute sur la portée idéologique de son acte. Il n'en demeure pas moins que cette attaque a troublé gravement l'ordre public par la terreur, ce qui permet d'entraîner la qualification terroriste.

Peut également constituer un acte de terrorisme le fait de participer à un groupement formé ou à une entente établie en vue de la préparation, caractérisée par un ou plusieurs faits matériels, d'un des actes de terrorisme prévus par la loi[13].

C'est la qualification constituant la « charpente » de la justice antiterroriste.

L'infraction d'association de malfaiteurs terroriste, pour laquelle a lieu le procès de Oualid G., est une infraction indépendante des crimes préparés ou commis. Autrement dit, elle ne nécessite pas de

13. Article 421-2-1 du Code pénal.

démontrer une participation effective à ces crimes. La qualification n'exige donc pas non plus, au titre de l'élément intentionnel, la connaissance précise du projet. Le mis en cause doit cependant avoir participé aux activités du groupe, en connaissance de sa nature terroriste.

De plus, la caractérisation des éléments matériels est extrêmement large et relativement indéfinie.

Cette infraction est très souvent critiquée par les praticiens de la matière, dont je suis, pour son imprévisibilité totale. Il suffit de l'expliquer pour montrer à quel point elle est complexe. Si nul n'est censé ignorer la loi, je pense qu'il est très difficile d'en comprendre en l'occurrence les subtilités et il faut faire preuve de beaucoup de pédagogie pour l'expliquer à ceux que nous défendons.

C'est ainsi que Oualid G. a été renvoyé devant une cour d'assises. Sur les huit accusés, seuls trois d'entre eux l'ont été pour la même infraction dans le dossier : Chokri C., Ramzy A. et Oualid G.

Condamnation de première instance

De tous les accusés condamnés en première instance, seuls deux l'ont été du chef d'association de malfaiteurs terroriste : Oualid G. et Chokri C., qui interjetteront appel de la décision[14]. Cette condamnation est intervenue en 2022. Elle a fait suite à un procès particulièrement exigeant de plusieurs mois.

Nous avions alors défendu un homme qui était libre et cela change tout, aussi bien pour lui que pour nous. Il s'était organisé pour pouvoir rester tous les jours à Paris. Il n'a pas manqué un seul jour de l'audience et n'a jamais été en retard. Il avait été contraint d'arrêter de travailler le temps du procès. Il faut bien comprendre ce que cela peut représenter de mise entre parenthèses de son quotidien : vous êtes « présumé innocent », mais vous devez vous trouver un logement pendant plusieurs mois dans

14. « Procès de l'attentat de Nice : les accusés condamnés à des peines de 2 à 18 ans de prison », BFM-RMC, 13 décembre 2022.

l'une des villes les plus chères du monde et réussir à vivre sans travailler.

Il m'arrivait, très régulièrement, de déjeuner avec lui le midi, parfois même uniquement pour lui offrir de la compagnie. Aujourd'hui encore, j'en conserve de bons souvenirs et je peine à réaliser que, deux ans plus tard, je défendrai un homme dans un box, subitement considéré comme une menace à écarter de la société. Que deux ans plus tard, il sera condamné et subitement considéré comme une menace, là où il déjeunait, encore hier, libre parmi les autres.

Nous n'avons pas compris cette condamnation. Déjà parce qu'elle condamnait, mais aussi parce qu'elle condamnait très discrétionnairement. En effet, le caractère terroriste n'a pas été reconnu pour Ramzy A. Or, ce dernier a aussi reçu un message mentionnant « ADA ». Il a reconnu avoir été sollicité par Mohamed L. B. afin qu'il l'aide à trouver des armes. Il a également reçu le fameux message « *Salam Ramzy, je suis passé tout à l'heure au taxiphone 16 rue Marceau je t'ai pas trouvé. Je voulais te dire que le pistolet que tu m'as donné hier c'est très bien, alors on ramène 5 de chez ton copain, 7 rue Miollis, 5e étage. C'est pour Choukri et ses amis.* ».

Dès lors, on ne voit pas pourquoi ce qui a bénéficié à Ramzy A. ne pourrait pas bénéficier à

Oualid G. qui a toujours protesté de son innocence. Ce dossier se transforme de plus en plus en la poursuite d'une association de malfaiteurs de papier.

Oualid G. a été condamné à dix-huit ans de réclusion criminelle, une peine d'une exceptionnelle lourdeur. Personne ne s'y attendait, moi le premier. De plus, Oualid G. avait comparu libre, puisque nous avions obtenu sa mise en liberté pendant l'information judiciaire. Il a été incarcéré immédiatement après le délibéré tandis qu'une haie de parties civiles attendaient dans la salle de le voir partir avec les menottes. J'avais été sidéré par cette scène dont je conserve encore le souvenir. Il a fallu que nous demandions que des mesures soient prises, uniquement pour préserver sa dignité.

Après le délibéré, Oualid G. a entrepris une grève de la faim de plusieurs mois, mettant sérieusement sa santé en danger. Il a perdu plusieurs dizaines de kilos. Les médecins l'avaient mis en garde, tout en respectant son choix. Nous lui avons rendu visite lorsqu'il était sur son lit d'hôpital. Un corps totalement amaigri, prisonnier dans un endroit irréel, entre l'hôpital et la prison. Réduit à devoir regarder la télévision pour passer le temps, s'abrutir et oublier son sort.

*

Tout le procès en appel va donc consister à juger du point de savoir s'il existait ou non un groupe de personnes composant une association de malfaiteurs impliquant notre client ou non. Il faut tout refaire, sachant que tout a déjà été fait.

Les principaux acteurs de ce procès seront les suivants : le président de la cour d'assises qui dirige les débats ; ses six assesseurs ; l'avocate générale, qui représente la société et porte l'accusation ; les avocats de la défense et les avocats des parties civiles. La cour d'assises est épaulée par deux greffières, qui s'assurent du bon déroulement de la procédure, et par un huissier qui appelle notamment les témoins et veille à l'ordre de l'audience sous le contrôle du président. Ce seront nos interlocuteurs pendant plusieurs mois, ainsi que les policiers et le personnel qui veillent à la sécurité et au bon déroulement de l'audience.

L'audience doit se tenir du 22 avril au 14 juin 2024. Il faut s'organiser en avance pour se rendre disponible, parvenir à articuler cette audience très longue avec le restant des dossiers, des interrogatoires, des écritures à rédiger, sans compter les urgences… Nous disposons heureusement d'un planning prévisionnel nous permettant d'anticiper sur le « programme » prévu. Il n'y a désormais plus que deux accusés contre huit en première instance. Ils seront d'autant plus scrutés.

Il est impossible de s'engager à la légère.

Lundi 22 avril 2024
Le recommencement

Ce jour-là, un vent glaçant souffle, loin de la chaleur qui baignait la fête du 14 Juillet en 2016. Songeur, je me dirige à pied vers le palais de l'île de la Cité, en longeant la Seine. Je suis partagé entre l'excitation de participer de nouveau à un procès de grande ampleur, défendre les droits de notre client et la conviction tenace que tout est déjà joué dans ce procès qui doit avoir lieu pendant sept semaines. Je suis cependant là où je dois être. Tout le monde n'a pas la chance de pouvoir vivre d'un métier qui le passionne.

Depuis le déménagement du Palais de justice de Paris aux Batignolles, en 2018, après plusieurs siècles d'occupation et d'illustres affaires, ce palais n'abrite plus que la Cour de cassation (cour suprême de l'ordre judiciaire), la cour d'appel de Paris et les cours d'assises spéciales (qui statuent notamment en matière antiterroriste).

L'île de la Cité est barricadée par des policiers. La préfecture a déterminé un périmètre de sécurité et les passants, qui s'interrogent sur ce déploiement de force, sont contrôlés, pour accéder au boulevard du Palais. Alors que l'entrée se fait habituellement à côté de celle de la Sainte-Chapelle et de son flot de touristes, elle est exceptionnellement délocalisée rue du Harlay, du côté de la place Dauphine, pour les avocats, les parties civiles, le public et les journalistes. Il faut montrer « patte blanche ». Badge spécifique et carte professionnelle sont requis. Un filtrage est ensuite de rigueur. Avant même d'avoir accès à la salle d'audience, toute cette démonstration sécuritaire, bien que pensée pour rassurer et prévenir d'éventuelles menaces, participe à alourdir l'atmosphère autour du procès. Chaque jour, le même rituel débute. Il faut être attentif à ne pas oublier son badge.

Le procès des attentats de Nice a lieu dans une salle spécifique, « sortie de terre », dite « salle d'audience Grand procès ». Cette salle a été construite à partir de 2020 dans la « salle des pas perdus » (salle, généralement imposante, qui précède les salles d'audience, où se croisent justiciables et professionnels, où les pas se perdent au sens littéral et figuré). La salle d'audience est une salle moderne et monumentale de près de 45 mètres, dotée de 500 places assises. Elle produit une impression très froide, propre aux conceptions récentes. Alors qu'une dizaine de rangées de bancs permettent d'accueillir le public (qui peut aussi suivre les débats sur plusieurs écrans), les bancs des avocats sont les plus proches de la cour d'assises. Ceux de la défense s'opposent à ceux des avocats des parties civiles. Nous sommes face à face. La cour est au centre, à la perpendiculaire des bancs des avocats de la défense et des parties civiles.

Cette salle d'audience très moderne a pour mérite de contribuer à dépassionner les débats, mais elle a pour inconvénient d'imposer un cadre qui étouffe toute spontanéité. Les intervenants, dont les avocats, sont tenus de s'exprimer dans des micros, alors que les audiences pénales, où les thèses s'affrontent, sont généralement le théâtre d'échanges pouvant être vifs et soudains, sans toujours devoir « demander » à prendre la parole. S'agissant du procès de l'attentat de Nice, il est en effet nécessaire d'activer son micro pupitre et d'attendre que la parole soit donnée. La couleur verte doit s'allumer. Le président de la juridiction distribue ainsi la parole en s'aidant d'une tablette devant lui.

L'usage de ces procédés techniques aseptise la prise de parole des avocats. De manière encore plus terre à terre, étant donné que je mesure 1,90 m et que les usages font que nous prenons la parole debout, à l'exclusion de la cour d'assises, je suis souvent pris de l'envie de me voûter pour être certain d'être bien entendu dans le micro. Il faut bien comprendre que, parfois, le déroulement d'un procès pénal impose régulièrement de s'opposer, du côté de la défense, à l'accusation, à la Cour… Un avocat peut devoir imposer son point de vue, en risquant l'incident. Ici, l'emploi de la technologie entrave cette liberté et accroît le déséquilibre, et ce, alors que, dans la salle d'audience, le parquet se trouve déjà physiquement à la même hauteur que la cour d'assises, alors que les avocats de la défense, situés à un niveau inférieur, sont obligés de lever la tête pour les regarder.

Les débats sont retransmis en intégralité et en direct dans une salle dédiée à Nice. Le premier président de la cour d'appel de Paris a également autorisé l'enregistrement audiovisuel de ce procès pour la constitution d'archives historiques. Sa motivation est la suivante :

> Cet attentat, l'un des plus meurtriers commis sur le sol français depuis la fin de la Seconde Guerre mondiale et revendiqué officiellement par une organisation terroriste d'inspiration djihadiste le 16 juillet 2020 [lire 2016], a constitué le paroxysme de la vague d'attentats ayant atteint la France en 2015/2016. Il a, à la lumière des attentats survenus en janvier 2015 et le 13 novembre 2015, profondément marqué la population française et a suscité une vive émotion dans le monde entier.

Cette autorisation, qui révèle toute la portée exceptionnelle de ce procès, dit bien les attentes diverses qui peuvent peser sur les magistrats.

Très honnêtement, je pense assez peu à cet enregistrement et j'ai du mal à imaginer – à l'exclusion de quelques sociologues ou chercheurs – qui pourrait avoir la patience de regarder les enregistrements d'une audience aussi longue, même si je ne conteste pas la force de certains témoignages. Les articles du procès de première instance sont déjà des archives quasiment inaccessibles. C'est dire pour le reste…

*

Ce matin-là, les avocats qui n'en disposaient pas déjà récupèrent leur badge. Je suis moi-même muni du mien avec mon nom et ma qualité d'avocat. Il est indiqué : « procès en appel de l'attentat de Nice du 14 juillet 2016 ». Il est curieux, pour un avocat attaché à son indépendance, d'être muni d'un badge siglé « ministère de la Justice ». Cela laisse entendre que la juridiction juge l'attentat, alors que, comme le fera remarquer ma consœur en défense, Chloé Arnoux, il est établi au dossier que les deux accusés ne sont pas poursuivis pour complicité.

Chaque jour, les avocats doivent badger pour permettre le décompte des jours de présence et leur prise en charge financière. Une équipe de contractuels, recrutés pour les « méga-procès », assure cet émargement et facilite ainsi considérablement la gestion administrative de cette audience au vu du nombre d'avocats présents. Les avocats interviennent pour une grande partie à l'aide juridictionnelle et cette aide est accordée en fonction du nombre de jours de présence.

En ce premier jour, une poignée de journalistes se trouvent derrière un cordon spécifique. Leur nombre a fondu depuis le premier procès, comme si l'appel intéressait moins et que, d'une certaine façon, la messe était déjà dite. Les caméras, souvent signe de l'attrait médiatique absolu, sont encore moins présentes.

Le dossier a manifestement perdu sa « dimension événementielle », malgré l'intérêt historique reconnu par la justice à ce procès. Si cette présence diminuée affecte la possibilité, pour les avocats de la défense, de faire valoir la position de leurs clients, je me dis également que les parties civiles – dont certaines relevaient déjà, en première instance, un traitement différencié des victimes du 13 Novembre, et l'impression d'être des victimes de seconde importance – ne le comprendront pas.

Avant d'entrer dans la salle d'audience, je me dirige vers les rares journalistes présents pour leur résumer le sens de l'appel et des attentes de mon client. Le nombre n'a aucune importance dans l'exercice qui doit être le mien. Il faut choisir les mots, sans risquer de froisser les parties civiles, tout en étant compris de l'opinion. Je le dis, il n'y a, à mon sens, qu'une possibilité, c'est l'acquittement. C'est la raison pour laquelle nous avons interjeté appel. J'avais déjà annoncé cette position avant le procès. Les questions précises des journalistes, qui ne me semblent manifester qu'un intérêt très relatif, sont peu nombreuses. Elles portent essentiellement sur l'état d'esprit de mon client alors que le procès doit bientôt débuter. Je leur indique qu'il est combatif, qu'il vient avec de nouvelles intentions mais qu'il est conscient aussi que cette justice offre une marge de manœuvre relativement faible. C'est un homme lucide, mais qui n'a pas perdu tout espoir.

Je suis convaincu que la médiatisation, qui permet d'asseoir la notoriété d'un avocat, sert la cause de ses clients mais aussi ses engagements lorsqu'elle est utilisée à bon escient. La presse peut jouer un rôle important, surtout dans des dossiers où l'opinion occupe une place aussi centrale. Conscients du risque de condamnation et de la nécessité d'expliquer notre position, nous avions par exemple, avec mon confrère Me Arnaud, organisé une conférence de presse dans le cadre du procès de l'attentat de Magnanville en anticipant sur les difficultés que nous allions rencontrer et le fait que la parole de la défense risquait d'être médiatiquement diminuée[15]. Je l'ai refait par la suite, notamment pour l'un des accusés dans l'affaire « Samuel Paty ».

Mais dans des affaires de cette nature, la médiatisation, qui peut être particulièrement forte, est peu profitable du point de vue de l'activité qu'elle génère. Les avocats courent le risque de se retrouver « enfermés » dans cette défense, voire étiquetés « avocats d'islamistes » ou de « djihadistes ». C'est un risque à prendre, mais qui ne devrait pas exister. S'il n'est pas pris, personne n'évoquera publiquement ces dossiers côté défense et il n'y aura pas de contradictoire. C'est déplorable, mais la médiatisation expose alors à des menaces : il m'est arrivé de recevoir des courriers anonymes, des mails ou sur les réseaux sociaux. J'y prête plus ou moins attention. La médiatisation est enfin un exercice particulier dont il faut connaître les codes, surtout dans des affaires aussi sensibles. Il ne faut pas trébucher sur les mots. Elle a aussi ses visages, puisque les journalistes police-justice constituent un cercle relativement restreint où tout le monde semble finir par se connaître.

*

15. « Procès de l'attentat de Magnanville : un accusé "à vif" », *Le Progrès*, 25 septembre 2023.

J'entre dans la salle d'audience et me prête à quelques salutations. L'opposition avec les avocats des parties civiles n'interdit ni le respect ni la confraternité ! Je retrouve beaucoup de visages de la première instance, comme si le temps s'était suspendu et que nous reprenions les mêmes places deux ans après.

Mon collaborateur, Jim Villetard, me rejoint. C'est son « baptême du feu » aux assises dans un procès d'une telle ampleur. Il a consacré ces dernières semaines à tenter, en peu de temps, de maîtriser un dossier colossal, et il y est parvenu avec talent. Sa présence permet d'insuffler une nouvelle dynamique à ce procès en appel, par l'adjonction d'un regard inédit mais aussi percutant. Nous avons passé de nombreux jours à la prison de Fleury-Mérogis pour préparer l'audience et voir Oualid G.

Nous allons ensuite saluer notre client. Plusieurs gendarmes l'escortent. Impossible de ne pas transposer la vision de Oualid G., libre, de 2022. Il n'est plus amaigri car il a cessé sa grève de la faim et son visage est concentré. Il se trouve dans un box vitré, dos aux bancs de la défense. En première instance, il était juste à côté de nous et nous pouvions librement échanger.

Oualid G. est âgé d'une quarantaine d'années. Son allure est soignée. Ses cheveux sont blancs, coupés à ras. Sa corpulence, que l'on devine à l'époque musclée, a subi les effets de la détention et de la grève de la faim. À le regarder, on sent un mélange de tension et de désespoir.

La tension est palpable. Elle est légitime. Alors qu'une escorte se tient en permanence dans le box, un gendarme, placé à l'extérieur, observe les moindres mouvements des accusés. Sa proximité rend très difficiles les échanges confidentiels en début d'audience, pendant les débats ou les suspensions. Il faut demander la permission de pouvoir s'entretenir avec lui, dans une salle dédiée. Notre client a été réveillé à 5 heures du matin, soumis à une fouille à nu et a fait un trajet de vive allure entre la prison et le Palais de justice. Libre en première instance, il est désormais détenu et soumis à un régime carcéral très dur, en lien avec la nature du procès. Pourtant, on le dit « présumé innocent » !

Les règles de courtoisie, qui font partie de nos pratiques implicitement codifiées, conduisent les avocats des parties à saluer la cour d'assises avant le début des débats. Les clients sont parfois surpris : ils y voient, à tort, une connivence. Ces échanges, sous la foi du Palais, lient seulement les professionnels. Ils sont parfois le moyen d'alerter sur la situation, par exemple médicale, d'un accusé ou de transmettre des informations dans un cadre plus « intime » qu'une audience publique. Nous nous prêtons à ces salutations d'usage.

La cour est composée de 9 magistrats, dont un président. Depuis une loi de 1986, la cour d'assises, en matière antiterroriste a pour spécificité d'être composée de magistrats professionnels. L'objectif était d'éviter toute pression sur les jurés citoyens. Il s'agit d'une juridiction d'exception.

Si je ne suis pas non plus beaucoup plus vieux, j'observe que la cour d'assises est en partie composée de jeunes magistrats. Cela m'interroge sur leur capacité, au besoin, à s'opposer au président dans le cas où ils ne seraient pas d'accord qui, lui, est manifestement bien plus expérimenté.

Je m'installe sur l'un des bancs prévus pour la défense, sous la lumière artificielle de cette immense salle. C'est le plus proche de la cour, dont je suis à la perpendiculaire. J'ai l'impression de ne pas avoir quitté ce banc depuis la première instance, de revoir les mêmes visages. Généralement, les avocats rechignent, dans des procès avec plusieurs accusés, à être trop proches de la cour, pour que leur place corresponde à la réalité de leur implication de leur client. Il se trouve que les deux accusés risquent en l'occurrence les mêmes peines.

Notre client est placé le plus proche de la cour mais cela n'est pas censé nous distinguer. C'est un banc « en strapontin », assez bas, dont les couleurs sont relativement claires. Il n'est pas spécialement confortable – manifestement moins que les sièges de la cour – et le côté strapontin m'évoque l'idée du provisoire, si ce n'est de la précarité. Est-ce la vision que peut avoir la justice des avocats ?

Derrière moi, le box des accusés où se trouve notre client. Devant moi, en face à face, les nombreux avocats des parties civiles sur les bancs. Un peu plus à gauche, entre eux et la cour, l'avocate générale, accompagnée d'un assistant. Sont également présents des dessinateurs de presse, qui viennent croquer les accusés. Ce sont les seules images d'eux qu'il est possible de voir. Il est en effet interdit de prendre des photographies en audience.

La cour entre. Il faut se lever.

La matinée est consacrée à l'identité des accusés – ils se bornent à indiquer des informations relevant de l'état civil et à confirmer le nom de leurs avocats – puis à l'appel des témoins. Le parquet général et les différentes parties ont en effet la possibilité légale de solliciter l'audition de témoins pouvant éclairer la cour sur les faits, des éléments de personnalité et, éventuellement, de contexte. Il faut donc vérifier que les témoins ont bien été cités, s'ils sont présents, empêchés de venir ou non…

L'après-midi est consacrée à la réitération des constitutions de parties civiles. Symbole du gigantisme de ce procès, l'arrêt civil en première instance s'est prononcé sur près de 2 600 demandes de constitution de partie civile. Elle n'en a rejeté que 337[16].

La journée se termine vers 17 h 30. C'est relativement tôt, mais cela permet de ménager l'énergie dont nous aurons immanquablement besoin.

Le procès est désormais lancé.

16. « Attentat de Nice : la plupart des parties civiles déclarées recevables, y compris les "enfants en gestation" », *Le Monde*, 26 mai 2023.

Mardi 23 avril
« J'ai pu mentir »

La matinée a été consacrée à la lecture du « rapport ». En application du Code de procédure pénale, le président de la cour d'assises est censé présenter, de façon concise, les faits reprochés à l'accusé tels qu'ils résultent de la décision de mise en accusation. Il donne connaissance du sens de la décision rendue en premier ressort, de sa motivation et, le cas échéant, de la condamnation prononcée. Surtout, il doit exposer les éléments à charge et à décharge.

Le rapport fait me donne le sentiment d'être pour le moins expéditif sur les éléments à décharge, même s'il relate une partie de l'argumentation développée par nos soins lorsque nous avions interjeté appel, quelques années plus tôt, de l'ordonnance de mise en accusation. À ce stade, nous ne le relevons pas. Alors que l'audience ne fait que débuter, il serait assez inopportun de la parasiter par une intervention que les différentes prises de parole par la suite pourraient amplement corriger. Nous sommes néanmoins prévenus de ce qui nous attend. En fait, peu surpris.

Ensuite, le président informe l'accusé de son droit, au cours des débats, de faire des déclarations, de répondre aux questions qui lui sont posées ou de se taire. Il reçoit ses premières déclarations qui doivent être spontanées. Le président ne pose, à ce stade, pas de question. Elles seront réservées pour les jours consacrés aux interrogatoires et qui n'interviendront pas avant plusieurs semaines. Cette détermination du planning n'est pas anodine puisqu'elle peut conduire à ce qu'un accusé, sur plusieurs semaines d'audience, ne puisse prendre la parole qu'à l'occasion de certains jours qui lui sont « dédiés » alors même que le procès est censé lui être consacré.

Pour ses premiers mots, Chokri C., le premier accusé, a tout d'abord la parole. Il déclare : « *J'ai fait appel, car je sais que je suis innocent. Je ne sais pas ce qu'il s'est passé dans la tête de Salman, mais je refuse ce qu'il a fait* [Salman est le surnom de Mohamed L. B., ndlr] ».

Notre client se montre, comme à son habitude, plus prolixe. Il déclare qu'il a pu mentir et reconnaît que la condamnation intervenue en première instance s'explique en partie par la manière dont il a choisi de répondre aux questions.

Nous mesurons pleinement la difficulté de l'exercice. Il est en prison depuis deux ans, avec peu d'interlocuteurs, et il doit s'exprimer devant des juges professionnels dans une salle où tout le monde scrute la moindre maladresse. Il doit aussi expliquer les raisons de son appel à une juridiction qui peut avoir le sentiment de refaire le procès de première instance.

Nous sommes satisfaits de ses premières déclarations : il a reconnu avoir une part de responsabilité et annonce des éclaircissements.

Nous le savons, l'existence d'une première décision pèse nécessairement dans les esprits. Il est indispensable que les juges n'aient pas le sentiment de juger exactement la même chose et d'entendre de nouveau les mêmes explications.

La juridiction reste parfaitement impassible. À l'issue de cette prise de parole, le président précise que les accusés pourront s'expliquer, comme une forme d'encouragement.

*

L'après-midi est consacrée à l'audition de « T 1407 SI », qui doit s'exprimer sur le contexte de cette affaire et de l'attentat.

Dans certaines procédures sensibles, la loi prévoit l'anonymisation des enquêteurs. Il n'est pas question ici de discuter de la pertinence d'un tel principe car chacun voit bien, dans le cadre de la menace terroriste, les risques auxquels pourraient être exposés les enquêteurs, mais la difficulté est qu'elle peut nourrir une grande asymétrie.

Le témoin commence par un exposé avant de répondre aux questions de la cour, des conseils des parties civiles, des avocats de la défense. Les enquêteurs s'appuient généralement sur des notes écrites pour dérouler leur exposé, mais nous n'avons pas accès à ces notes.

À de rares exceptions, ces enquêteurs s'expriment à distance, en visioconférence. Il est impossible de voir leur visage. Lorsque vous écoutez l'exposé ou que vous posez des questions, vous faites face à un écran gris qui laisse vaguement apparaître une silhouette humaine. Puis un technicien confirme l'identité du témoin et nous met en relation avec ce dernier. Il faut poser des questions à un écran. Si de tels procédés sont justifiés par des considérations de sécurité, ils n'en demeurent pas moins regrettables pour la défense. Ils concourent à déshumaniser les débats mais aussi, d'une certaine façon, à mettre les enquêteurs à distance de leurs propres constatations.

Je ne cesse d'être surpris par l'organisation des auditions des témoins enquêteurs dans ces dossiers. D'abord, il est difficile d'anticiper leurs déclarations : en effet, si des prises de parole peuvent être très spécifiques (pour expliquer des investigations techniques portant sur tel ou tel point, entre autres), la très vague présentation figurant au planning qui nous sert à préparer l'audience – évoquant par exemple le « contexte » ou « l'enquête » – impose de rester sur le qui-vive. Alors que le dossier de Nice est exceptionnellement volumineux, il n'est pas toujours aisé de retrouver une correspondance entre les procès-verbaux contenus dans la procédure et les points sur lesquels les enquêteurs doivent spécifiquement s'exprimer, sachant que le dossier de Nice contient près de 10 000 cotes[17]. Or, le dossier tient à une série d'éléments très précis qu'il faut contester.

Ensuite, les témoins enquêteurs sont généralement cités par l'accusation et il est difficile d'avoir la garantie absolue d'une totale étanchéité avec cette dernière. Cela se vérifie d'autant plus en matière antiterroriste, où l'ordre public est autant en jeu et où tout se prête à renforcer l'accusation.

Par ailleurs, les enquêteurs, qui évoluent dans les mêmes services, peuvent s'accorder entre eux si l'un d'eux n'a, par exemple, pas été précis au cours de son audition dans telle ou telle réponse, ou avertir des questions qui lui ont été posées. De telles pratiques sont bien entendu de l'ordre du « non-vérifiable »,

17. Les pièces sont cotées par le greffier au fur et à mesure de leur rédaction ou de leur réception par le juge d'instruction.

mais elles peuvent parfois se vérifier dans des réponses apportées à quelques jours d'intervalle. Ces discussions transpirent parfois des déclarations, j'en ai été témoin.

Enfin, les enquêteurs peuvent être rodés aux questions de la défense. Certains, protégés par le confort que procure l'anonymat, n'hésitent pas à faire preuve d'une mauvaise foi totale pour ne pas donner l'impression d'aller dans le sens de l'avocat de la défense, même sur des points objectivés par la procédure. Il est aussi question pour eux de défendre au maximum leur enquête et d'éviter qu'elle soit remise en cause.

Première alerte au cours de l'audition de ce témoin : en lui posant une question, le président évoque « *les auteurs* » pour désigner les accusés, avant de présenter ses « *plus plates excuses* » après une réaction des avocats de la défense. Ce lapsus, peut-être révélateur et aussitôt dans l'audience, interroge. Je bous intérieurement.

Après l'interrogatoire du président, c'est au tour des parties de poser leurs questions.

Contrairement à ce que l'on pourrait croire, l'exercice des questions, en particulier pour les avocats de la défense, est peut-être le plus délicat qui soit. Il s'agit de poser des questions qui doivent évidemment permettre de faire avancer la défense. Or, s'agissant spécifiquement du « témoin enquêteur », les réponses obtenues peuvent se révéler contre-productives, surtout lorsqu'il y a une tentative d'anticiper le sens des questions de sa part. Même à des questions dites « fermées », un enquêteur peut être tenté d'ajouter des éléments s'il sent qu'une réponse brève servirait à la démonstration qu'il suppute de la défense.

Plusieurs écoles s'affrontent. Un certain nombre d'avocats considèrent qu'il est déconseillé de poser des questions à des témoins lorsque l'avocat n'a pas l'assurance de déjà connaître la réponse, et qu'il est préférable d'attendre des réponses courtes, ce qui conduit ainsi à privilégier les questions « fermées ». De ce point de vue, les éléments contenus dans la procédure font figure de « ligne de vie ». Une telle manière d'agir procède de la logique : on limite les risques, qui plus est, alors que la cour d'assises doit se fonder sur son « intime conviction », ce qui peut laisser une part importante aux impressions d'audience. De plus, il faut également veiller, autant que possible, à ne pas susciter des réponses qui pourraient se retourner contre des coaccusés : même si l'avocat défend une personne en particulier, la défense se doit, de ce point de vue, de conserver une forme de solidarité. En revanche, cette stratégie empêche tout effet de surprise et éventuellement d'obtenir la révélation, par exemple, d'une incohérence.

De fait, indépendamment des questions dont les réponses peuvent sembler prévisibles, subsiste une catégorie de questions dont la pertinence relève véritablement de l'appréciation des avocats de la défense car elles peuvent être un saut dans un demi-inconnu.

Concernant ce procès, il m'est apparu assez vite que, dans une certaine mesure et compte tenu de la décision très lourde prononcée en première instance, la marge de « prise de risque » pouvait sensiblement augmenter. La juridiction a besoin d'être bousculée dans ses a priori.

Pour les avocats, l'avantage des questions est de leur permettre de commencer à disséminer les éléments de leur défense, pour ne pas uniquement les réserver à la plaidoirie.

*

Ce jour-là, le témoin cité n'est pas nécessairement de mauvaise foi, mais on le sent rodé aux questions de la défense. Il ne concède rien. À la question de savoir si l'acte de l'auteur de l'attentat pouvait être difficilement détectable (sachant, notamment, que rien dans son comportement ne renvoyait à un rigorisme religieux alors qu'il avait de nombreuses relations avec des femmes mais aussi avec des hommes, qu'il dansait la salsa...), même pour les proches, il répond : « *Mais le travail de police, ce n'est pas le même que fréquenter une personne dont on est proche.* [...] »[18].

Sa réponse est audible, mais elle est à la mesure de l'obstacle, pour ne pas dire le mur, auquel nous sommes confrontés : l'État, par la personne de ses enquêteurs, se défausse en utilisant à son bénéfice tous les éléments qui rendraient l'acte indétectable ; mais ces mêmes éléments, eux, ne pourraient pas bénéficier aux proches mis en cause...

18. « Procès en appel de l'attentat de Nice : "Je suis innocent, je n'ai rien à voir avec le terrorisme !" », France 3 régions, 23 avril 2024.

Mercredi 24 avril
La présentation de l'enquête et la « revendication »

Une fois n'est pas coutume, l'enquêtrice « SDAT 05 » se présente physiquement à la barre. Il s'agit d'une femme élégante, entre deux âges. Je suis agréablement surpris, là où ces procès nous habituent à désincarner les enquêteurs. Il faut faire preuve d'un certain courage pour résister à la tentation de se rendre invisible pour assumer son enquête.

Son audition, qui débute à 9 h 30, durera une grande partie de la journée.

Elle a demandé au président, comme il est d'usage, de pouvoir utiliser ses notes écrites. L'exposé, qui dure toute la matinée, est clair. L'exercice n'est pas aisé : le témoin, debout, parle sans interruption et veille à éviter toute contradiction. Bien que nous notions une tendance à escamoter les questions de la défense et à répondre en anticipant le sens des questions, objectivement, cela force le respect.

« SDAT 05 » n'aura pas eu besoin de chaise, mais elle m'apparaît relativement éprouvée à l'issue de son témoignage. Les réponses qu'elle apporte à l'issue de son exposé ne sont, de mon point de vue, pas très claires. La fatigue doit jouer. Cette fatigue ne peut qu'être accentuée au moment où les questions de la défense débutent, soit en fin d'après-midi, alors que son audition a débuté à 9 h 30… Comment espérer que la qualité d'écoute de la juridiction soit exactement la même ?

Avec Me Villetard, nous posons un certain nombre de questions. Ce jour-là, nous nous attelons à essaimer des graines.

Nous relevons le profil très singulier de l'auteur de l'attentat et l'absence de lien manifeste avec une cellule terroriste constituée ou sur les ordres de laquelle il agirait. Nous soulignons l'absence de contacts téléphoniques très sophistiqués et discrets, comme c'est généralement le cas dans ces affaires, souvent par le biais d'applications cryptées. Curieusement, Mohamed L. B. a laissé un téléphone allumé, sans code de déverrouillage… Une telle pratique ne semble pas être celle d'un délinquant chevronné. Elle doit surtout interroger les enquêteurs sur l'éventualité de complices.

Il y a également le fameux message, avec les noms des supposés complices, une adresse précise, un numéro d'étage, tout à fait inédit dans une affaire de cette ampleur. Quel crédit attacher à un tel message qui accablerait tous les complices aux yeux des enquêteurs ? Si ces personnes se connaissent, pourquoi préciser les prénoms, donner une adresse que tout le monde est déjà censé connaitre ?

Ce n'est pas tout.

Mohamed L. B. a pris plusieurs photos peu de temps avant les faits, mettant en scène des individus, dont Oualid G., qu'on voit dans le camion.

Existe-t-il une affaire comparable dans laquelle l'auteur d'un tel acte abominable aurait pris aussi peu de précautions pour protéger ses comparses ?

Mais il y a plus encore.

De manière fort surprenante et inexplicable, les enquêteurs ont découvert une feuille au domicile de Mohamed L. B. sur laquelle figurent un ensemble de noms et de numéros, certains appartenant aux accusés… Il a également été retrouvé un mouchoir en papier blanc supportant des numéros de téléphone et des noms manuscrits, découvert sur la table du salon. C'est le Petit Poucet du mal qui laisse tomber derrière lui les cailloux blancs.

Enfin, nous nous interrogeons sur l'absence d'investigations qui pourraient être à décharge. Un fait nous parait particulièrement troublant : pourquoi manquons-nous d'éléments d'exploitation de la caméra de surveillance de l'hôtel dans lequel travaillait notre client le 14 juillet? C'est pourtant le b.a.-ba pour vérifier où se trouvait l'accusé, qui sera, rappelons-le, un temps soupçonné de complicité. Dans n'importe quelle affaire criminelle, les enquêteurs retracent précisément l'emploi du temps des personnes soupçonnées le jour des faits. Pas dans celle-là.

Au cours de l'audience, nous demanderons à plusieurs reprises à pouvoir accéder à cette vidéo – en vain.

Par ailleurs, Oualid G. se voit reprocher l'importance de ses contacts téléphoniques avec l'auteur de l'attentat, mais peu d'informations existent réellement quant à la nature de ces échanges. Nous n'avons pas accès à la totalité des échanges retrouvés par les enquêteurs! Je pense qu'un jury populaire serait particulièrement surpris, plus que ne l'a été manifestement la cour.

Nous obtenons parfois des réponses qui nous éclairent, parfois moins. L'essentiel est néanmoins ailleurs.

Les premières bases de la défense sont posées.

Jeudi 25 avril
Une scène de crime effroyable

Ce quatrième jour est consacré aux constatations sur la scène de crime. Des médecins légistes répondent entre autres aux questions des parties civiles sur la très délicate question des prélèvements d'organes.

Cette intervention montre aussi pourquoi il est essentiel pour la justice d'organiser des procès. Les parties civiles ont besoin d'un espace pour poser des questions. La création de cet espace ne doit cependant pas se faire au détriment des accusés.

Ces auditions donnent le pouls de la violence de la scène, à laquelle s'ajoute la violence de l'intrusion très intime que constitue une autopsie. Il est vertigineux d'imaginer un corps remis à la famille, mais privé de certains de ces organes. Même s'il faut comprendre les causes du décès (écrasement ? balles ? complications médicales ?), l'autopsie est une souffrance supplémentaire infligée aux proches.

Je me souviens qu'en première instance, François Molins, ancien procureur antiterroriste, avait reconnu que des prélèvements d'organes avaient été injustifiés. J'avais trouvé cela très courageux. La justice doit aussi admettre ses erreurs, elle n'en sera pas moins forte, au contraire.

Ces éléments sont sans lien avec la responsabilité de notre client, qui n'était pas présent au moment des faits et qui n'est pas poursuivi pour complicité ; néanmoins, il s'agit d'éléments fondamentaux pour rendre compte de la réalité de l'attentat et de toutes ses conséquences.

Vendredi 26 avril
Premières parties civiles, expertise du camion et exploitation de la vidéosurveillance

Le dernier jour de la première semaine de ce procès débute par les auditions de véritables héros.

Alexandre N. et Franck T., civils présents le jour des faits, ont en effet pris le risque de mourir pour tenter de faire échec à la course folle du camion et aux desseins criminels de son conducteur. Au fond de moi, je me dis qu'ils pourraient être mes voisins, mes amis, comme tant d'autres. Ils ont l'apparence des personnes ordinaires, au sens noble du terme, happés par l'extraordinaire.

Alexandre N., qui était en vélo, a tenté d'ouvrir la portière du camion, avant de se faire braquer par le terroriste. Franck T. a essayé de jeter son scooter sous les roues du camion. Au cours de leurs dépositions, ils ne se mettent pas en avant et décrivent les conséquences entraînées par l'attentat.

Ces auditions, inspirées par la plus grande sincérité, sont, et le mot est encore trop faible, bouleversantes. Elles interviennent à cœur ouvert. Elles nous font vibrer et leur force crève les murs aseptisés et factices de cette cour d'assises. Subitement, l'horreur et la sauvagerie font leur apparition. Ces survivants en traînent le fardeau et la mémoire.

J'ai beau avoir déjà entendu ces témoignages en première instance, je n'en demeure pas moins impressionné. Personne ne peut y rester insensible. Ils nous disent l'humanité que nous pourrions former si nous trouvions tous le courage d'agir lorsque le mal frappe. S'oublier au profit des autres, en finir avec les logiques égocentriques qui nous enferment dans des intérêts individuels.

S'agissant de notre client, cette séquence, là encore, n'intéresse pas notre défense. Il s'agit essentiellement de rester attentif à une expression des témoins qui emporterait un préjugé sur la culpabilité ou un élément factuellement contesté. Il n'est pas question d'interroger ces témoins et, de plus, une question pourrait même se retourner contre nous.

C'est un temps involontairement plus léger qui débute ensuite avec l'audition des experts en accidentologie ayant procédé à l'expertise du camion après l'attentat.

Un binôme d'enquêteurs avec un accent chantant se présente devant la juridiction. Ils répondent tout à fait naturellement aux questions qui leur sont posées, alternativement et parfois à l'unisson. Ils mettent notamment en avant les causes mécaniques de l'immobilisation du camion et qu'il aurait pu poursuivre sa course.

Là encore, la course du camion n'intéresse que peu notre défense. Son conducteur est mort.

Contrairement aux enquêteurs policiers, ils répondent en toute franchise sans devancer les intentions des parties. Sont-ils conscients du jeu de rôles qu'offre la cour d'assises ? Quoi qu'il en soit, ils y semblent hermétiques.

L'après-midi est ensuite consacré au visionnage de la vidéosurveillance de la Promenade des Anglais le soir de l'attentat. En première instance, un débat était survenu à propos de l'intérêt de la diffusion de ces images. Elles étaient intéressantes pour l'attentat, mais inutiles pour la manifestation de la vérité s'agissant des accusés : eux n'étaient pas présents au moment des faits et rien n'établissait qu'ils avaient connaissance du projet funeste. J'avais indiqué que notre client « *compren[ait] le besoin des parties civiles.*

Il n'est pas opposé au visionnage, mais lui fera le choix de ne pas regarder la vidéo»[19].

Avec ses 1257 caméras de surveillance[20], Nice n'a pas permis de déjouer l'attentat ; mais les caméras ont permis de documenter la course macabre. À ma connaissance, pas une image n'a fuité dans la presse, même la plus tapageuse. Selon les précisions apportées par le parquet, la sous-direction antiterroriste de la police judiciaire avait très rapidement demandé de les effacer[21] pour « *éviter la diffusion non contrôlée et non maîtrisée de ces images* ».

Les précautions prises à l'égard de ces images ont été salutaires, pour protéger les parties civiles et éviter tout sensationnalisme. L'intérêt public autour de ces images est en effet neutralisé par leur extrême violence. Leur place est dans une salle d'audience, pour éventuellement concourir à la manifestation de la vérité, mais pas en dehors.

19. «Attentat du 14-Juillet à Nice : la question du visionnage de la vidéosurveillance en débat au procès», *Ouest France*, 9 septembre 2022.
20. «À Nice, l'efficacité de la vidéosurveillance en question», *L'Express*, 16 juillet 2016.
21. «La justice ordonne à la ville de Nice de supprimer les images de l'attentat, la mairie refuse», *Le_Monde*, 22 juillet 2022.

C'est un immense écran blanc qui se déploie derrière la cour d'assises. Il faut attendre que le vidéoprojecteur chauffe pour pouvoir diffuser les images. La salle d'audience est alors plongée dans le noir, comme si nous nous retrouvions au cinéma – mais pour voir l'innommable.

J'ai fait le choix de regarder ces images sans savoir ce que j'allais voir. L'impression produite est indicible. La vidéo débute par l'instant où l'auteur de l'attentat rejoint son camion garé dans la rue. Il ne donne pas l'impression de se presser. On alterne d'une caméra à une autre à mesure que son trajet progresse. Tout un temps est manquant et ne permet pas de savoir où il se trouve, le comble pour l'une des villes les plus filmées de France. On le voit finalement pénétrer sur la Promenade des Anglais, alors que le feu d'artifice est terminé et que débutent les concerts. Il donne manifestement des coups de volant pour percuter le maximum de victimes. Il ne fléchit pas dans sa barbarie. Les corps sont propulsés en l'air, telles des poupées désarticulées, dans une violence inouïe et impensable. On ressent la panique extrême à travers le mouvement de foule de ceux qui parviennent à percevoir le camion arriver sur elles et des personnes qui tentent d'échapper à la course folle. Il est, de fait, impossible d'entendre les cris, mais on les devine.

Cette projection, glaçante, insupportable, met une image sur l'horreur de l'attaque, sans cependant nous rapprocher de la réalité des comportements reprochés à notre client. J'essaie de deviner la réaction intérieure des magistrats, mais je les pense nécessairement bouleversés – nous le sommes tous. Je me dis à quel point il doit être difficile pour eux de laisser ces images impunies. On touche presque à une impossibilité psychologique.

Lundi 29 avril
Une journée pour comprendre une vie

Le sixième jour du procès est consacré à l'examen de la personnalité des accusés. Autrement dit, c'est la deuxième fois, après leurs premiers mots, qu'ils vont prendre la parole.

Avant d'exposer les conditions du déroulement de cette journée habituellement importante dans les dossiers ordinaires, je me dois ici de revenir sur les particularités de la personnalisation des peines en la matière.

Une juridiction pénale juge bien évidemment des faits, mais elle doit le faire en fonction de la personnalité des personnes qu'elle juge. C'est le principe de la « personnalisation de la peine », aujourd'hui si souvent menacé, notamment par la volonté d'instaurer les fameuses « peines planchers » (à savoir l'instauration d'une peine minimale pour certains délits ou crimes).

Il s'agit d'un principe fondamental : il permet d'examiner un acte à la lumière de la personnalité de la personne poursuivie et de son parcours de vie. La personnalisation des peines est le reflet de la dimension humaniste de notre droit, même si ce dernier fait, pour certains, presque figure d'hérésie en matière antiterroriste, tant son principe ne leur semble pas applicable aux suspects de terrorisme.

En matière antiterroriste, si le principe n'est pas celui des « peines planchers », il est cependant celui d'une sévérité accrue. Cette sévérité découle des textes, prévoyant un rehaussement des peines, mais également de la pratique.

D'un point de vue juridique tout d'abord, le principe est celui du relèvement d'un degré du maximum de la peine privative de liberté par rapport à l'acte poursuivi. Concrètement – bien que les termes puissent paraître à première vue abscons – si un acte est, en temps normal, passible de trente ans de réclusion criminelle, le maximum de la peine prononcée sera porté à la réclusion criminelle à perpétuité ; ce maximum sera porté à trente ans de réclusion criminelle si l'infraction est punie de vingt ans de réclusion criminelle… et ainsi de suite.

Les peines encourues sont donc particulièrement lourdes, surtout que les peines sont souvent assorties d'une « période de sûreté ». Le condamné ne peut alors bénéficier, pendant cette période, des dispositions concernant la suspension ou le fractionnement de la peine, le placement à l'extérieur, les permissions de sortir, la semi-liberté et la libération conditionnelle[22]. Il s'agit par conséquent d'un régime plus dur que celui réservé à des détenus de « droit commun ».

Du point de vue de la pratique ensuite, l'expérience dont je dispose me permet d'affirmer que la règle est à l'extrême sévérité, au point où les juridictions semblent parfois avoir des approches « forfaitaires » vis-à-vis des peines qu'elles prononcent, neutralisant tout effort de personnalisation. Cette conscience place l'avocat dans une situation impossible, puisqu'il doit à la fois produire ses meilleurs efforts pour contribuer à donner la meilleure image de son client, tout en en ayant conscience du faible degré d'influence de ces éléments dans des dossiers de cette nature, ne serait-ce que pour obtenir une peine personnalisée. D'ailleurs, dans notre affaire, les deux accusés ont été exactement condamnés à la même peine, pour des faits différents et des personnalités différentes.

Je pense que l'effroi provoqué par les attentats a été le moteur de l'aggravation des peines, de même que la volonté plus globale de sévir face à une menace inédite et de diminuer les risques d'une

22. Article 132-23 du Code pénal.

récidive, suivant l'idée tenace : plus on frappe fort, plus on dissuade. C'est évidemment une idée reçue. À l'inverse, la littérature criminologique internationale met l'accent sur la justesse de la peine, qui se doit d'être comprise par le condamné. À défaut, la peine crée un sentiment d'injustice pouvant générer un fort ressentiment contre la société, et donc une potentielle volonté de se venger.

Cela étant, il faut faire preuve d'un certain réalisme : quel juge accepterait de prendre la responsabilité de prononcer une peine clémente à l'encontre d'une personne poursuivie dans un dossier antiterroriste, s'il prend par ailleurs le risque de voir son nom réémerger dans le débat public, surtout à l'heure des réseaux sociaux, en cas de nouveau passage à l'acte ? De ce point de vue, le cas d'Adel Kermiche, l'un des terroristes à l'origine de l'attentat de Saint-Étienne-du-Rouvray – qui avait entraîné la mort du père Hamel après une prise d'otages dans une église en 2016 – a servi de cruel enseignement : ce dernier était sous bracelet électronique dans le cadre d'une précédente affaire concernant une tentative de rejoindre la Syrie[23].

---

23. « Cinq questions sur la situation judiciaire d'Adel Kermiche, un des terroristes de Saint-Étienne-du-Rouvray », Francetvinfo.fr, 27 juillet 2016.

Un magistrat, exposé à la crainte de la récidive s'agissant d'une criminalité particulière car idéologique, penchera plus souvent du côté de la prudence, pour ne pas dire parfois de la lâcheté. Mais comment lui en vouloir ?[24] La disponibilité des informations sur Internet et la divulgation du nom des présidents de cour d'assises, dont le risque est décuplé par les réseaux sociaux, sont autant de facteurs qui favorisent l'aggravation des peines.

Je ne peux pas m'empêcher d'y penser à l'occasion du procès de l'attentat de Nice, sous une forme relativement triviale et en observant les magistrats composant la juridiction. Comment imaginer que le président de la cour d'assises, dont le nom est connu à travers les articles de presse sur l'affaire, pourrait un jour sereinement se rendre à Nice s'il acquitte les deux seules personnes poursuivies pour des charges de terrorisme ? Ou si la condamnation prononcée par la cour d'assises n'est pas à « la hauteur » des attentes des parties civiles ? Surtout que celles-ci avaient été décrites comme plus « virulentes » que d'autres victimes, dont celles du 13 Novembre. J'invite le lecteur à se poser la question. Surtout que le

24. Le poids de ces décisions est parfaitement dépeint dans le formidable roman de Karine Tuil, *La décision* (Gallimard, 2022).

procès doit s'achever quelques semaines avant… le huitième anniversaire du terrible drame.

La dimension inhérente à une forme de conditionnement mental des magistrats doit aussi être prise en considération. Il s'agit en effet d'une matière dans laquelle les causes pouvant expliquer l'acte, et donc avoir une incidence sur la détermination de la peine, importent peu. La gravité de l'acte semble tout balayer. Dans les cas les plus graves, à l'envers de cette compréhension de l'acte – au sens d'une réflexion portée sur ses facteurs et non d'une exonération de responsabilité – cet évitement peut aboutir à une déshumanisation des personnes jugées. On oublie non seulement qu'elles sont présumées innocentes, mais aussi que ces personnes font partie de la communauté des hommes, que cela plaise ou non. D'ailleurs, la lourdeur du traitement carcéral (les personnes poursuivies sont souvent à l'isolement, continuellement surveillées dans leurs cellules) les déshumanise en même temps qu'on attend d'eux qu'ils soient des « surhommes » pour la supporter.

Cette réalité a été éprouvée outre-Atlantique après le bouleversement induit par les attentats du 11 septembre 2001. À titre d'exemple, en 2006, le Congrès adoptait une loi privant les étrangers suspectés de terrorisme du bénéfice de l'« habeas corpus », selon lequel nul ne peut être détenu indéfiniment sans procès[25]. Ce n'est qu'en 2009 que l'administration Obama mettra fin à la notion de « combattant ennemi », qui servait à justifier la détention de personnes soupçonnées de terrorisme à la prison de Guantanamo[26]. Si nous n'avons pas atteint une telle extrémité, nous nous en rapprochons sensiblement dans le traitement des personnes poursuivies pour terrorisme. Souvenons-nous notamment des déclarations de Manuel Valls, affirmant en 2016 : « *Pour ces ennemis qui s'en prennent à leurs compatriotes, qui déchirent ce contrat qui nous unit, il ne peut y avoir aucune explication qui vaille. Car expliquer, c'est déjà vouloir un peu excuser* »[27]. Toute cette rhétorique finit par avoir une incidence sur les décisions judiciaires. Elle est aussi dangereuse en ce qu'elle mélange explication et justification, atteignant par la même occasion la crédibilité même de la sociologie. Le juge regarde aussi la télévision. Il observe le succès grandissant de discours toujours plus sécuritaires.

Bien sûr, cette sévérité n'est pas sans lien avec l'intensification de la menace terroriste, en particulier

---

25. « George Bush impose sa loi sur le traitement des "ennemis combattants illégaux" », *Le Monde*, 29 septembre 2006.
26. « Les États-Unis abolissent le "combattant ennemi" », France24, 14 mars 2009.
27. « Expliquer, c'est excuser », France Culture, 11 janvier 2016.

depuis 2012 et les attentats perpétrés par Mohamed Merah ayant coûté la mort de sept personnes, dont trois enfants scolarisés dans une école juive. Les autorités françaises ont probablement pris conscience qu'elles avaient sous-estimé la menace terroriste sur le territoire national. Dans un entretien donné au *Monde* en 2016, François Molins, alors procureur de la République de Paris, déclarait : « *Le parquet de Paris a décidé fin avril un durcissement considérable de sa politique pénale en criminalisant des dossiers correctionnels* ». La vision de la peine est sans appel : « *Il s'agit de protéger la société en laissant ces individus plus longtemps en prison. La prison a d'abord une fonction de réadaptation et de resocialisation. Mais on ne fait pas boire un âne qui n'a pas soif. Lorsqu'on tombe sur des individus imprégnés par cette idéologie mortifère, les maintenir enfermés n'est peut-être pas la mission la plus noble, elle a au moins l'impérieuse vertu de protéger la société.* »[28]. Le propos a au moins le mérite de la clarté.

Ajoutons encore que, même lorsque les éléments de personnalité sont favorables – et ils le sont par exemple pour notre client – plane toujours le soupçon de la dissimulation, autrement appelée « *taqiya* ». C'est un peu l'alpha et l'oméga du raisonnement

28. « Le procureur de Paris François Molins: "Le risque d'attentat est renforcé" », *Le Monde*, 2 septembre 2016.

de certains magistrats : dès lors qu'ils sont embarrassés avec certains éléments de personnalité positifs, ils peuvent toujours invoquer la dissimulation. Cela place la personne poursuivie dans une situation impossible. Si les éléments de personnalité qui la concernent sont mauvais, cela sert l'accusation. S'ils sont bons, cela sert aussi l'accusation.

*

En ce matin du sixième jour d'audience, la cour d'assises se penche sur la personnalité des accusés, dont mon client.

L'enquêtrice de personnalité commence par être entendue. Relevant du Service de contrôle judiciaire et d'enquêtes, elle a été missionnée par le juge d'instruction en 2016 pour rendre un rapport dont les objectifs étaient de décrire l'environnement familial, amical et, plus généralement, affectif de mon client, d'indiquer brièvement la manière dont il était perçu par son entourage, de rechercher d'éventuelles activités professionnelles…

Pour ce faire, l'enquêtrice a procédé à son audition alors qu'il était en détention provisoire ; elle a également interrogé des proches qui ont accepté de lui répondre. Plus de huit ans après son enquête de personnalité, elle doit par conséquent la restituer, aidée de ses notes.

On la sent très investie dans son travail, très humaine aussi.

Le travail réalisé permet d'avoir une photographie de la vie d'un individu. En l'occurrence, Oualid G., né en 1976 à La Marsa en Tunisie, apparaît avoir eu une enfance plutôt heureuse. Il est le troisième d'une fratrie de quatre enfants. Il a fait le choix de s'orienter vers le domaine de l'hôtellerie, alors que son père était directeur d'école primaire et sa mère, libraire. Il occupait d'ailleurs la fonction de chef réceptionniste à l'Hôtel national de Nice au moment des faits et menait en parallèle une activité de véhicule de transport avec chauffeur (VTC). Il s'est installé en France, pays dont il obtiendra la naturalisation, au début des années 2000, avant de se marier en 2007 avec une épouse de nationalité finlandaise, orthodoxe, vivant en France avec deux de ses enfants. Le couple n'a pas d'enfants, mais Oualid G. entretient d'excellentes relations avec ses belles-filles, avec lesquelles il se montre protecteur.

Oualid G. n'est pas spécialement porté sur la religion et a indiqué à l'enquêtrice de personnalité avoir eu des difficultés en détention avec des détenus « radicalisés ». J'en suis témoin : il a souvent écrit au cabinet pour le dénoncer et nous l'avons fait savoir. Son cercle relationnel, relativement restreint, est principalement axé autour de sa femme et de ses belles-filles, et de son travail.

Cette enquête n'est pas supposée être analytique, au sens où elle doit restituer des faits et ne pas les interpréter. Elle repose sur des déclarations, éventuellement sur les pièces communiquées par l'employeur ou les différents organismes publics.

Si l'enquêtrice n'interprète pas, le tableau qu'elle se retrouve à dresser s'avère être particulièrement favorable, Oualid G. ayant tout de ce qu'on appelle « gages de réinsertion » : un travail, une famille, la nationalité française, une berline qu'il vient d'acheter pour une activité VTC…

Ce portrait ne colle pas avec les attentes de l'accusation. Cela ne lui plaît pas, ni à certains confrères du côté des parties civiles, qui s'échinent à décrédibiliser l'enquêtrice. Ils tentent de suggérer le peu de sérieux qu'on peut accorder à son rapport, car elle n'aurait vu l'accusé qu'une seule fois. C'est oublier, pourtant, que ces rapports sont systématiquement rédigés dans ces conditions.

L'enquêtrice reste neutre et objective face aux accusations qui se portent sur son travail. Certaines des questions des parties civiles soulignent que l'administration pénitentiaire n'a pas encore confirmé les incidents relatés par Oualid G. au cours de sa détention, et notamment les violences à son encontre, suggérant ainsi qu'il aurait adopté un récit non vérifiable. Or, au moment de mes questions, je fais souligner à l'enquêtrice de personnalité qu'elle a tenté à plusieurs reprises de joindre l'administration pénitentiaire, mais sans succès. On ne peut donc reprocher à Oualid G. ce silence. Si ses déclarations ne sont pas confirmées par l'administration, il n'y est pour rien. L'inertie de l'administration devrait être sanctionnée. Au lieu de cela, elle se retourne contre l'accusé.

On peut s'interroger ici sur le silence de l'administration pénitentiaire, d'autant que cette dernière est généralement prompte à fournir, tout particulièrement dans ces dossiers, des informations, jusqu'au jour du procès, sur d'éventuels incidents concernant les accusés. Il n'est en effet pas rare que des rapports soient produits, parfois à la dernière minute et sans contradictoire, notamment pour révéler qu'un détenu entretiendrait telle ou telle relation avec un détenu également poursuivi pour des faits de terrorisme. Le plus souvent, ces « incidents » n'ont donné lieu à aucune poursuite disciplinaire au sein de la détention mais leur mention au moment de l'audience permet de faire impression.

Ensuite, c'est au tour de l'expert psychologue de mon client d'être entendue. Contrairement à l'enquêtrice de personnalité, elle m'évoque une professionnelle qui, certes, s'est adaptée au sujet, mais dont l'analyse repose aussi beaucoup sur ce qui est de l'ordre de l'interprétation avec des couches de concepts divers.

Cette expertise, généralement réalisée au moment de l'information judiciaire, vise à dire, entre autres, si le mis en examen présente des troubles ou déficiences susceptibles d'influencer son comportement au moment des faits ; ou s'il existe des liens entre les traits de personnalité, les éventuels troubles psychologiques…

Dans ce dossier, l'expert qui a réalisé la première expertise psychologique est décédé avant le procès de première instance. Une nouvelle expertise a donc été réalisée à la demande du président de la cour d'assises en première instance.

Cette nouvelle expertise s'est déroulée très rapidement, comme c'est parfois le cas lorsque les experts manquent de temps ou s'estiment suffisamment informés au bout de plusieurs dizaines de minutes d'entretien. Pourtant, notre client était alors libre, ce qui facilitait l'échange. Curieusement, le temps consacré à l'expertise ne figure pas sur le rapport qui en fait le compte-rendu. Il n'est pas rare que les avocats relèvent le peu de temps consacré, en interrogeant les experts psychologues, pour mettre en doute le sérieux de leurs travaux.

Cette expertise n'est en l'occurrence pas décisive, ni négativement ni positivement.

Dans ses questions, le président de la cour d'assises s'étonne de la faiblesse des informations données par le mis en examen sur les faits qu'on lui reproche. Comme je le fais remarquer plus tard dans mes questions, je relève que Oualid G. a donné plus d'indications au précédent expert et que le fait n'est donc pas significatif.

Les questions que nous posons avec Me Villetard portent également sur la détermination dont a fait preuve notre client, qui a entrepris une grève de la faim pendant plusieurs mois après le premier délibéré. De plus, nous interrogeons l'expert sur le point suivant : une paranoïa a-t-elle ou non été détectée ? Certains témoins, comme nous le verrons plus tard, ont pu l'évoquer.

En écoutant l'expert, je note qu'un point fondamental est absent de sa mission, à savoir le degré d'une éventuelle imprégnation idéologique. Comme si tout le monde n'avait que ce point en tête sans jamais l'évoquer. C'est ainsi un point crucial, mais dont un professionnel de la psyché ne parle pas, comme pour ne pas s'y aventurer. Ce point aurait pourtant été très intéressant s'agissant de Oualid G., car bien que certains éléments soient en débat (dont les SMS relatifs à *Charlie Hebdo* et certaines recherches sur son ordinateur), il n'apparaît aucunement comme étant radicalisé.

Même les professionnels les plus aguerris peuvent avoir des difficultés à se prononcer sur un tel sujet, trop incertain et surtout périlleux. Ce n'est pas plus mal, car la précaution pourrait conduire certains experts, par prudence, à ne jamais totalement exclure l'hypothèse d'une radicalisation. En revanche, cela gêne l'avancée du débat dans ces dossiers, puisqu'elle omet un élément qui sera pris en considération et qui relève de la personnalité.

L'un des éléments offrant des informations supplémentaires sur cet aspect est le rapport pluridisciplinaire d'évaluation. Cet outil de gestion pénitentiaire permet à l'équipe pluridisciplinaire, composée notamment de psychologues, de se prononcer sur le risque de passage à l'acte violent ou de prosélytisme et sur le degré de radicalisation éventuelle de la personne concernée.

Le rapport est favorable à Oualid G., mais compte tenu du devoir de réserve et pour éviter toute instrumentalisation, les personnes qui en sont à l'origine ne sont généralement pas entendues par la cour d'assises, alors même qu'elles sont peut-être celles qui sont au plus près de la radicalité ou non de la personne poursuivie.

*

Après la pause déjeuner, la journée reprend avec l'expertise psychiatrique de Oualid G.

L'expert m'apparaît très assuré, entre le ton doctoral et l'expression chirurgicale. Le rapport d'examen est extrêmement succinct, quatre pages. Il est relevé que le sujet ne présente pas de troubles psychiques de nature à créer chez lui une dangerosité particulière, mais, là encore, il ne se prononce pas vraiment sur la question de la radicalisation – voire pas du tout.

Le fait est que nous n'avançons pas beaucoup dans la compréhension.

Alors que la journée est consacrée à l'examen de la personnalité des accusés, vient s'intercaler le témoignage d'une enquêtrice venant renseigner la cour d'assises sur la question de l'identification des victimes. On peut s'étonner du timing d'une telle audition, montrant là encore que les questions organisationnelles peuvent perturber la cohérence du planning et rappeler, par association, l'horreur de l'attentat commis.

En toute fin d'après-midi, l'interrogatoire de personnalité de Oualid G. peut enfin avoir lieu. Sachant qu'il a déjà répondu, dans le cadre de la procédure, aux questions des enquêteurs, des experts, du juge d'instruction, de la juridiction de première instance, il doit à nouveau répondre à des questions sur sa personnalité, son enfance, sa vie.

Notre client a été confus en première instance sur des points pourtant élémentaires, il le sait. Il a donné des informations contradictoires sur des points qui devraient être anodins. Par exemple, il a prétendu avoir rencontré sa femme en Tunisie, alors qu'il l'a rencontrée en France. Il a également donné une mauvaise date sur la date réelle de son arrivée en France. Je pense que ces errements ont peut-être scellé son sort judicaire, car ils ont certainement torpillé sa crédibilité aux yeux des juges, dans un dossier dans lequel, compte tenu de la pauvreté des éléments matériels, elle est déterminante. L'appel est ainsi l'occasion de revenir sur ses déclarations : il reconnaît qu'il n'a pas dit la vérité, en avançant notamment des raisons administratives en lien avec sa situation sur le territoire et sa demande de nationalité.

D'autres ont menti avant lui, d'autres le feront après lui – une juridiction pourrait parfaitement admettre qu'un accusé mente sur des éléments biographiques, surtout que les mensonges ne sont aucunement déterminants, puisqu'ils ne portent pas sur l'existence même de composantes de sa vie, mais sur des détails chronologiques.

Notre client le sait et il fait en sorte de se montrer plus clair. Il a probablement cherché à se montrer plus « lisse » qu'il ne l'était réellement. Je doute en revanche de la capacité de la juridiction à les admettre et surtout à reconnaître sa capacité à adopter un regard critique sur son propre comportement.

Pour ma part, je comprends ces mensonges à la lumière de sa personnalité. S'ils ne font pas de Oualid G. un citoyen exemplaire, ils n'en font pas pour autant un terroriste. Juger quelqu'un, c'est le faire en prenant en compte ses possibles aspérités comme n'importe quel autre être humain. De plus, il n'est pas le seul mis en cause à avoir menti pendant la procédure, loin de là, et tous n'ont pas été poursuivis.

Après les questions du président de la cour d'assises, viennent les questions de l'avocate générale. Les questions posées donnent un avant-goût de son réquisitoire. Elle enchaîne les questions et ne laisse que peu de temps à notre client pour y répondre. Elle fait son miel des contradictions sur les dates. Surtout, elle cherche le moindre élément pour convaincre que notre client prend des libertés avec la loi.

Une question est particulièrement surprenante : il aurait osé, selon elle, faire rentrer des chihuahuas (qu'il possédait avec sa femme) dans son appartement alors que le règlement ne le permettrait pas.

Alors même que notre client risque une peine de vingt ans de réclusion criminelle, il est ainsi interrogé sur la présence d'animaux dans son domicile, qui révélerait sa personnalité hors-la-loi. Je ne manque pas de l'interroger très ironiquement sur le nombre de petits chiens. Je constate l'air amusé de certains magistrats et de certains avocats. C'est à la fois un instant d'une légèreté bienvenue dans un procès lourd mais, en même temps, qui ne peut qu'interroger sur le sérieux de certains arguments. Cette question reviendra à plusieurs reprises au cours du procès, nous laissant interdits.

Les conseils des parties civiles sont également très à charge. Oualid G. est interrogé sur les rapports faisant mention d'incidents en détention. Il faut bien comprendre qu'au moindre faux pas, aussi minime soit-il, les incidents sont quasi automatisés dans ces dossiers. Il n'est ainsi pas rare qu'un individu en détention pendant plusieurs années compte ces signalements par dizaines. Oualid G. s'emporte et affirme qu'il s'agit là de mensonges. On peut comprendre son emportement alors qu'il n'a jamais été notifié en détention de ces prétendus incidents, mais la légitimité de son indignation peut aussi être mal comprise. Il nous faut apporter du calme alors que certaines questions ont pu l'agiter.

Nous finissons par poser nos questions avec Me Villetard, tard dans la journée alors que le temps d'attention disponible est au plus bas pour tout le monde. Un inconvénient certain pour la défense, qui a toujours la parole en dernier. Nous offrons la possibilité à Oualid G. de s'expliquer sur ses mensonges et nous revenons sur différents points de son parcours. Il reconnaît avoir voulu donner de lui une image dont les traits pouvaient être exagérés, enjolivés, mais qu'il n'a pas menti sur l'essentiel.

Les rares articles de presse publiés après l'audience rendent compte des aspérités dans sa personnalité et non des progrès dans son positionnement. Un article résume partiellement la journée : « *Mis face à ses contradictions et à ses arrangements avec la loi, Mohamed* [Oualid] *Ghraieb répète qu'il n'a rien à voir avec le terrorisme.* »[29]. C'est une vision.

Cette journée s'achève. Les semaines à venir seront consacrées aux parties civiles, avant d'en revenir plus directement aux faits reprochés à notre client. Un tunnel de la douleur débute.

29. « Procès en appel de l'attentat de Nice : l'accusé Mohamed Ghraieb, "déconcertant sur tout, même les choses les plus simples" », France 3 régions, 30 avril 2024.

Mardi 30 avril
Entame des auditions des parties civiles

En ce septième jour, je suis absent car je dois assister Rima Hassan, candidate LFI aux européennes convoquée pour des faits d'apologie du terrorisme, à la suite de l'attaque du 7 Octobre[30].

Cette convocation rappelle la difficulté, lorsque des procès sont longs, de pouvoir composer avec le reste de l'activité au cabinet et les autres affaires en cours. C'est l'une des particularités de ces « méga-procès terroristes » : une fois l'audience terminée, il faut encore rattraper ce qui n'a pas pu être fait au cabinet.

Il faut savoir que ce sont des dossiers dans lesquels nous bénéficions le plus souvent de l'aide juridictionnelle, car les clients n'ont pas les moyens

---

30. « Élections européennes : "Une bascule répressive est en train de s'installer" contre Rima Hassan, dénonce son avocat », Francetvinfo.fr, 20 avril 2024.

de régler des honoraires. Si, en matière criminelle, il peut être rentable pour des petites structures, il en va différemment des structures telles que le cabinet dans lequel je suis associé, dont les coûts de fonctionnement sont élevés. Il y a non seulement le temps de l'audience, mais aussi celui de la préparation des dossiers, qui sont extraordinairement volumineux. À titre de comparaison, les avocats représentant plusieurs parties civiles ont pu dégager des rémunérations particulièrement importantes, en fonction du nombre de parties civiles représentées. En première instance, par l'effet du « cumul », les montants révélés par la presse sont affolants : 2 millions d'euros pour un cabinet – soit 13 000 euros par jour d'audience – et 3 millions d'euros pour un autre – soit 20 000 euros par jour d'audience[31]. Nous devrions quant à nous obtenir quelques dizaines de milliers d'euros pour une audience ayant duré plusieurs mois. Cela peut être confortable, en fonction de la taille des structures d'exercice, mais de tels procès impliquent non seulement d'assurer l'audience mais aussi de la préparer, en l'occurrence depuis la fin du premier procès en 2022.

31. « Procès des attentats du 13-Novembre : le montant des frais d'avocat des parties civiles fait débat », *Le Monde*, 4 juin 2022.

Je ne cherche pas à polémiquer. Ces montants révèlent cependant une forme d'asymétrie et rendent d'autant plus injuste le procès (parfois fait par des personnes mal informées) d'affaires qui enrichiraient les avocats de la défense. Il est clair que tel n'est pas notre cas.

Heureusement, nous nous relayons au sein du cabinet pour toujours assurer une présence au moment des audiences. Même si ces jours ne sont pas consacrés à notre client (puisqu'il n'est ni coauteur ni complice), il est essentiel que nous soyons présents.

Je ferai en sorte d'assister au maximum à ces jours d'audience pour écouter les parties civiles, ne serait-ce que par signe de respect. Si ces témoignages n'intéressent que très indirectement l'avocat de la défense que je suis, ils sont déterminants pour comprendre les répercussions de l'action terroriste, mais également les attentes des parties civiles à l'égard du procès. Mon rôle n'est cependant pas de réagir, il est d'assurer ma mission. Il est aussi de les écouter pour se mettre à la place des magistrats et d'imaginer la manière dont ils peuvent les accueillir et les conséquences qu'ils peuvent en tirer pour celui que nous défendons.

Si certaines parties civiles se bornent à décrire les conséquences entraînées par l'attentat, d'autres s'expriment sur les accusés, dont celui que je défends.

Or, de ce point de vue, certaines expressions ont pu être particulièrement virulentes, qualifiant par exemple les accusés de « *monstres* » méritant le « *bagne* ». Il ne m'appartient bien sûr pas d'être le censeur des impressions. Cependant, il est indispensable de rappeler que des accusés sont présumés innocents et qu'il ne faut pas négliger le risque de déséquilibre inhérent à ce que des dizaines de parties civiles insistent sur de tels termes, et ce, pendant près de trois semaines, là où l'accusé est seul avec son ou ses avocats et n'est interrogé qu'une seule journée sur les faits. Cela peut finir par produire forte impression sur les juges, alors même qu'il s'agit de sentiments et non de faits. Ces expressions, parfois d'une extrême dureté, placent face à un dilemme moral : faut-il intervenir au risque de paraître déplaisant à l'égard de la partie civile dont on sait qu'elle a, par ailleurs, fait preuve d'un grand courage pour témoigner ? Quand intervenir ? Que répondre face à celui ou celle qui a perdu ses proches ? Quel que soit le point de vue sur la culpabilité de l'accusé, ce dernier est déjà soumis à un procès extrêmement rude, avec un risque pénal très élevé. Aucun motif légitime ne saurait justifier qu'il se retrouve insulté ou humilié pendant trois semaines sans qu'il ne puisse rien en dire.

Ce rôle appartient normalement au président de la cour d'assises. Son intervention est au cœur de la garantie d'une apparence d'impartialité. Il m'apparaît qu'il ne l'a joué que de manière très alternative. J'ai notamment souvenir d'une partie civile demandant des peines plus lourdes, dont l'impossibilité pour les accusés de rester en France. À l'issue de sa déposition, le président lui a répondu que la peine pouvait aller jusqu'à vingt ans de réclusion criminelle, avec la possibilité d'une interdiction de territoire – en fait inapplicable pour notre client qui a la nationalité française – dans l'hypothèse d'une condamnation. Je l'ai ressenti non comme un rappel des règles applicables, mais comme un message, à mots couverts, des possibilités mais aussi des limites de la décision qu'il rendrait. Je n'ai pas entendu le mot acquittement.

À certains instants, j'ai eu le sentiment, malgré moi, de me trouver du mauvais côté de la barre, dans le « mauvais camp », celui de ceux perçus comme étant placés contre la communauté des hommes et l'encouragement à la paix. Je me suis ensuite et rapidement souvenu du caractère essentiel de notre fonction. C'est précisément la mission de l'avocat de la défense qui contribue, par le souci de l'équilibre, au respect des droits et permet à ces procès, par leur caractère équitable, de servir au sens donné à la décision de justice.

*

Près de huit ans après les faits, c'est véritablement un tsunami d'émotions qui s'abat. Le temps n'a pas eu pour effet de les estomper. Les plaies sont encore ouvertes. Certaines parties civiles voient l'appel comme une souffrance supplémentaire. Depuis l'attentat, la vie d'un certain nombre d'entre elles a été comme gelée. Pour toutes, celle d'après ne sera plus jamais la même. Il faut bien le reconnaître – il est impossible de se mettre à leur place.

Ce qui est assez singulier avec le principe même de ces auditions, c'est qu'elles défilent. Littéralement. Pendant plusieurs semaines, des dizaines peuvent s'enchaîner chaque jour, soit physiquement, soit en visioconférence. Toutes les parties civiles n'ont pas « osé » témoigner et le mot est mal choisi tant l'exercice, consistant à se mettre à nu devant une juridiction et toute une salle d'audience, peut être difficile.

Nous assistons, passifs, à ce qu'il y a de plus douloureux et de plus personnel. Rien ne prépare à recevoir de tels témoignages et je pense qu'il est indispensable de rester concentré sur sa mission pour rester relativement imperméable à cette violence verbalisée. Ce sont des vies brisées, des proches à jamais perdus, et pourquoi ?

Un certain nombre de parties civiles s'interrogent sur leur légitimité à venir témoigner : parce qu'elles ne sont pas décédées, parce qu'elles n'ont pas perdu un proche. Ces interrogations sont exacerbées par le fait que nombre d'entre elles ressentent déjà un sentiment de culpabilité pour avoir été présentes, pour avoir survécu… Une partie civile parle de la « place du presque » : ne pas avoir perdu de proche mais être lourdement traumatisé, psychologiquement marqué, au moment des faits, par la « certitude de mourir ». Je trouve l'image très parlante.

Les victimes de l'attentat aimaient la vie comme son auteur cherchait la mort.

Ce soir du 14 Juillet, c'est l'inimaginable qui s'introduit par la violence sur la « Prom' ». L'ultra-violente attaque donne lieu à tous les ultras : ultra-sidération, ultra-traumatisme… S'est subitement installé un froid glacial. La liesse a donné lieu à une véritable scène de guerre. Les cris d'horreur ont succédé aux cris de joie et c'est un silence macabre que beaucoup de parties civiles décrivent : des corps sans vie et disloqués jonchant le sol, dont ceux d'enfants ; le camion du terroriste au loin, arrêté, et l'hypothèse d'une nouvelle attaque ; les proches qui accompagnaient et qu'on cherche désespérément du regard ; le sentiment d'impuissance des survivants à venir en aide ; les secours qui peinent à arriver ; les badauds qui prennent l'innommable en photographie, fléau du fonctionnement de la société de notre siècle.

Pour beaucoup, cette ultra-violence connaîtra de nombreux échos, comme autant de répliques sismiques : la sidération après l'attaque, l'incompréhension de ceux qui n'ont pas vécu l'attentat, les mots maladroits de psychologues ou psychiatres insuffisamment formés…

Cette mère dont le corps de la fille, après l'autopsie, est rendu partiellement recousu, les bras entaillés. Ou encore cette phrase glaçante : « *Aucune mère ne devrait avoir à reconnaître son enfant à la couleur de son tee-shirt* ».

Il y a également les séquelles qui resteront, dont celle de l'ultra-vigilance qui empêche de mener une vie normale. Une partie civile a ainsi déclaré : « *Mon rêve le plus fou, c'est d'aller au Vélodrome avec mon conjoint* » tout en appréhendant le contact avec la foule. Des rêves dont la réalisation est entravée par les répercussions psychologiques de l'acte.

Il y a les angoisses du quotidien et ce basculement soudain qui peut intervenir à tout moment. Le réveil des souffrances qui intervient, notamment à l'occasion de nouvelles attaques.

Il y a les parties civiles qui vivent avec le « masque des vivants », comme éteintes de l'intérieur. « *Le jour de la fête nationale est désormais celui de l'anniversaire de ma mort psychologique* ».

Pour la première fois, des enfants ont été entendus. Ils ont pu décrire leurs cauchemars, ravivés par des cris, par le fait de voir un camion ou par la sirène qui retentit le 1er mercredi du mois ; l'impossibilité de se rendre à des sorties scolaires sans ses parents ; les fièvres qui montent le 14 juillet… Cette phrase inimaginable – « *Tout cela est très fatigant pour papa et maman* ». Cet enfant qui décrit que sa mère a été recousue devant elle par les secouristes. Les difficultés rencontrées dans leur apprentissage, les moqueries de certains camarades et le harcèlement scolaire. La panique lors des exercices d'évacuation dans les écoles. L'angoisse d'une nouvelle attaque.

Nombre de parties civiles dénoncent également la brutalité des expertises, en contraste avec la réalité des préjudices subis.

En les écoutant, je songe qu'une juridiction peut être tentée d'apprécier le degré de responsabilité non en raison des faits précisément imputables aux accusés, mais en raison des conséquences de l'attentat lui-même et de ses répercussions pour les parties civiles. Comme si la gravité des répercussions de l'acte pouvait avoir pour effet de diluer l'exigence de preuve contre les accusés. Or, c'est peu dire que les répercussions sont, de ce point de vue, particulièrement lourdes. C'est une indexation qui s'installe : plus l'acte est odieux, moins les éléments de preuve contre les personnes jugées sont nécessaires, surtout si l'auteur est décédé. C'est un raisonnement qui ne devrait pas trouver sa place en droit. C'est une réalité qui est, d'une certaine façon, résumée dans la motivation de la cour d'assises en première instance : « *La nécessaire prise en compte de ce bilan désastreux et du traumatisme national causé oblige la Cour à retenir comme base de sa réflexion dans le choix de la peine le maximum légal encouru à vingt ans de réclusion criminelle, avant d'intégrer dans la détermination de cette peine, les éléments relatifs à la personnalité de chacun des accusés, et à leur situation sociale, professionnelle et familiale* ».

De manière plus ou moins implicite et conscientisée, c'est aussi toute la lutte des autorités contre le « séparatisme » qui s'immisce dans le débat judiciaire. Des parties civiles ont pu décrire avoir détecté une forme de jubilation dans certains regards après l'attentat et devant toutes les souffrances engendrées, suggérant ainsi la présence, parmi nous, d'adversaires idéologiques. D'autres ont pu évoquer des jeunes passant à proximité et criant « *on a niqué la France* ». Ne faisons pas preuve d'angélisme et ne nions pas cette existence : elle est, sans conteste, le fruit d'un échec collectif. La question est davantage celle de sa réalité quantitative et de la réponse que nous pouvons y apporter, sans déformer notre État de droit et attribuer au droit pénal une fonction qu'il n'a pas. De telles déclarations des parties civiles, bien souvent totalement factuelles, ne peuvent en effet que favoriser une utilisation très extensive des infractions prévues par notre législation. Les « signaux faibles » utilisés par la puissance administrative deviennent, devant ces juridictions, des preuves.

Un exemple est ici donné par la vidéo enregistrée par Oualid G. le lendemain de l'attaque : on lui a reproché d'esquisser, selon une interprétation, un sourire en se filmant sur la Promenade des Anglais où policiers et journalistes étaient présents. Or, une cour d'assises juge des faits. Elle n'est pas le censeur de comportements qui pourraient être considérés comme douteux du point de vue de la morale. Son but n'est pas plus de prévenir des troubles à l'ordre public. Cette charge incombe aux autorités administratives (préfets, maires). Il est indispensable de le rappeler.

Une dernière chose me frappe en entendant se succéder ces témoignages de cœurs à vif. Toutes ces personnes cherchent à comprendre. Comprendre les raisons d'une telle tragédie. Comprendre les motivations de l'auteur de l'attentat. Comprendre comment, matériellement, un homme a pu organiser un tel massacre. La justice leur doit des explications et nous, professionnels de la justice, nous devons d'être clairs et précis afin qu'elles puissent avoir tous les éléments de compréhension en leur possession. Or, force est de constater que l'accusation et certains conseils des parties civiles se satisfont d'approximations et de biais confortables. Mais cette implication nie la complexité du réel et des motivations humaines. Elle nie le noir et le blanc qui peuvent composer un individu. Pour ces raisons, elle n'est pas acceptable, car elle empêche de comprendre. Elle noie le poisson, elle éloigne la vérité. Mon collaborateur m'a souvent fait part de sa colère face à ce constat : ceux qui prétendent être les chevaliers blancs au chevet des victimes sont en réalité une des causes de l'incompréhension, encore à ce jour, du passage à l'acte de Mohamed L. B.

On comprend que ce procès restera avant tout celui de toutes les frustrations.

Lundi 13 mai – jeudi 16 mai
Quand un drame ralentit l'extraction des accusés

Mardi, en fin de matinée, un fourgon pénitentiaire a été attaqué à Incarville, dans l'Eure, alors qu'il transportait un détenu qui s'est évadé, par un commando composé de quatre personnes cagoulées, dotées d'armes automatiques et vêtues de noir. Deux agents de la pénitentiaire sont décédés[32]. À la suite de cette attaque d'une violence inouïe, les organisations syndicales de l'administration pénitentiaire ont appelé à un blocage des établissements pour témoigner leur solidarité et leur soutien[33].

32. « "Ils sont venus pour tuer, c'est un assassinat" : au lendemain de l'attaque contre un fourgon pénitentiaire, l'émotion et la mobilisation du personnel », *Le Monde*, 15 mai 2024.
33. « Attaque d'un fourgon dans l'Eure : les enquêteurs face à l'énigme des moyens dont dispose Mohamed Amra pour sa cavale », Francetvinfo.fr, 16 mai 2024.

Dans ces conditions, comment imaginer un déroulement « normal » des convois de détenus ? Le dérèglement occasionné affecte aussi bien les transports que le traitement des détenus.

L'actualité s'invite dans notre procès dont la logistique particulièrement lourde ne supporte pas l'inattendu. En l'occurrence, le blocage des prisons n'entraînera pas la suspension du procès, mais les accusés arriveront « seulement » en retard, nouvelle preuve de la dimension exceptionnelle du procès. Coïncidence ou non, recherche d'un bouc émissaire ou non, notre client se présente, cette semaine-là, avec une légère marque à l'œil qu'il attribue au fait d'avoir été poussé par l'escorte contre son lit, immédiatement après avoir été démenotté. Mais que vaut sa parole dans ce contexte et face à cette juridiction ?

J'avise la cour d'assises des faits dénoncés par notre client et de la blessure qu'il arbore à l'œil. Je dis plus généralement et ouvertement mon indignation. Ma voix trahit certainement ma vive émotion. Comment tolérer cette violence, que je rapproche du traitement carcéral très lourd de notre client ? Je crois voir de la surprise dans le regard de certains juges. Je suggère aux magistrats, sans grand espoir, d'en tirer toutes les conséquences judiciaires. Je décide de le faire en audience publique, pas simplement dans un simple mail ou un simple échange officieux. Cela doit se savoir. Le procès est filmé. Cela doit rester.

Fait relativement rare en la matière, un constat médical sera par la suite effectué, mentionnant un hématome sous l'œil. Une photographie sera prise après notre intervention. Elle montre clairement l'hématome. Je n'ai cependant pas connaissance d'une quelconque enquête.

L'administration pénitentiaire contestera les violences. Il faut croire que notre client est bien maladroit pour se cogner lui-même contre son lit, ou qu'il n'est plus présumé innocent et que son traitement importe peu.

Vendredi 17 mai
Un emploi du temps chargé
et des réflexions qui se croisent

En ce dix-septième jour d'audience, j'assure uniquement le début des débats. Je dois ensuite me rendre au Conseil d'État pour présenter des observations orales au soutien d'une requête déposée pour des Néo-Calédoniens pour contester l'interdiction de TikTok à la suite des émeutes sur l'île[34]. L'après-midi, je dois me rendre au tribunal judiciaire pour assister, avec William Bourdon, Rokhaya Diallo dans le cadre d'une procédure en diffamation contre Pascal Bruckner, qui lui avait reproché d'avoir « *armé le bras des tueurs des terroristes de* Charlie »[35].

---

34. « Nouvelle-Calédonie : le blocage de TikTok devant le Conseil d'État », *Libération*, 21 mai 2024.
35. « *Charlie Hebdo* : Pascal Bruckner accuse Rokhaya Diallo d'avoir "armé le bras des tueurs" », *Le Nouvel Obs*, 22 octobre 2020.

Au-delà du fait que ces audiences montrent, là encore, la difficulté d'une disponibilité permanente, elles ne m'apparaissent pas sans lien avec la procédure qui nous concerne. En effet, la première illustre le durcissement des mesures prises au nom de la préservation de la « sécurité » et ce qu'elles impliquent en termes de réduction des libertés individuelles et collectives. Le terrorisme en repousse toujours plus les limites. La seconde illustre les répercussions du terrorisme sur le débat public. Les expressions critiques, en lien notamment avec le traitement des personnes de confession musulmane, sont disqualifiées comme concourant, même de façon indirecte, à la haine et au terrorisme. Le danger de tels raisonnements est palpable, notamment parce qu'ils s'appuient sur des concepts douteux dont le « djihadisme d'atmosphère » défendu par Gilles Kepel.

Lundi 20 mai
Quand l'audience prend des allures de cour coranique

Dix-huitième jour d'audience. Un témoin, universitaire tunisienne et autrice sur l'islam, se présente sur citation du conseil d'une partie civile. L'audience donne alors subitement des allures de centre d'études islamiques, tant les débats tendent à faire l'exégèse de parties déterminées du Coran – à tel point que le témoin, pour vérifier un point, finit par s'interroger sur le point de savoir s'il y a un Coran dans la salle (sic !).

Cette intervention me dérange. Nous sommes à mi-chemin entre la connaissance religieuse et historique et le commentaire... Mais à force d'être à mi-chemin de tout, nous ne sommes nulle part.

C'est une plongée dans l'absurde.

Les différentes exploitations faites au cours des investigations judiciaires par des services spécialisés concluent que l'utilisateur est musulman pratiquant mais qu'il ne semble pas avoir de lien avec l'islam radical.

Alors que les outils informatiques de notre client ont été passés au peigne fin, il est abondamment question de la sourate dénommée « Al-Baqarah » (« la vache »), qui a pu être retrouvée sur les supports numériques de Oualid G. : fait-elle ou non l'apologie du djihad ? Cette sourate n'avait pas véritablement suscité l'attention des enquêteurs, mais je pense que les conseils des parties civiles, conscients du manque d'éléments accréditant la radicalité, font feu de tout bois, faisant les affaires de l'accusation.

Il s'agit de la sourate la plus longue du Coran. Elle traite d'un certain nombre de thèmes et il est par conséquent matériellement impossible de soutenir que notre client n'aurait écouté que cet extrait. Il s'agit d'une pure hypothèse. De plus et surtout, le texte est soumis à de nombreuses interprétations et engage une vision profondément culturelle. Dans ma compréhension de non-spécialiste et selon plusieurs sources, des vertus sont associées à cette sourate, dont le fait qu'elle éloignerait la présence du Diable dans la maison dans laquelle elle serait récitée. Dès lors, il est difficile de défendre une position catégorique quant à l'écoute de cette sourate. Si le terme « djihad » est également associé au terrorisme, son usage est également plus vaste comme le rappelait Gilles Kepel dans un article datant de 2003 :

> Ainsi, Jihad est un prénom porté par musulmans comme chrétiens arabes. Il n'a alors rien de belliqueux : le mot arabe signifie « effort » – l'effort que fait le croyant (même chrétien) pour s'élever par plus de piété sur l'échelle de la perfection humaine. C'est, à ce titre, une haute vertu. Cet effort peut se décliner dans le registre individuel de la foi qui lie la créature au Créateur. On parlera alors du « jihad de l'âme » (*jihad an-nafs*) ou du « plus grand jihad » (*al jihad al akbar*) : il désigne, dans le langage des mystiques, l'ascèse qui mène à combattre sans relâche les penchants mondains et les vices à eux attachés (alcoolisme, débauche, déviances diverses), afin de rechercher la perfection psychique, voire la fusion en Dieu[36].

Si le djihad terroriste existe, il devrait appartenir à une juridiction spécialisée de faire la part des choses.

Il est, dans ces conditions, profondément douteux de faire renaître le débat, déjà tranché par les enquêteurs, et ce, en tirant avantage de ce que rares sont les intervenants dans le cadre du procès à maîtriser les subtilités et les interprétations du Coran, qui plus est alors que nous vivons dans un pays où le catholicisme a été historiquement religion d'État.

---

36. Voir « Jihad » par Gilles Kepel, sur le site Cairn.info.

Est ensuite entendu l'ancien président de l'association « Au cœur de l'espoir », également cité par l'un des conseils des parties civiles. Il faut rappeler ici que notre client avait déclaré, au cours de sa première audition spontanée, que l'auteur de l'attentat avait rencontré des individus qu'il désigne comme étant des « barbus » le jour où il montera dans le camion en tant que passager, quelques jours avant l'attaque. Il pensait ainsi aider les enquêteurs. Ces personnes ont été retrouvées : il s'agit en réalité d'une association dont les intentions et agissements révélés étaient humanitaires, prenant notamment la forme de distribution de nourriture auprès de migrants. Là encore, des investigations auront lieu. Non seulement rien ne permettra de confirmer que notre client aurait rencontré les membres de cette association (il n'est pas avec le terroriste au moment de cette rencontre) mais, plus encore, rien ne permettra d'établir un quelconque caractère conspiratif.

En dépit de ces éléments, les conseils des parties civiles reviennent à la charge contre le président de cette association, tentant de jeter le voile du soupçon sur son association et sur ses conduites. Ces mêmes conseils avaient la possibilité, pendant l'information judiciaire longue de plusieurs années, de solliciter, si elles l'estimaient utile, des investigations complémentaires. À quoi peuvent donc bien servir les investigations réalisées si la logique de la suspicion doit l'emporter, qui plus est si elle entretient les parties civiles dans des impressions qui ne sont aucunement établies ?

Je m'interroge d'autant plus sur le sens donné à la présence de ce témoin en lisant un article de presse à l'issue de l'audience, dont le titre me laisse relativement interdit au vu de la réalité des investigations et des déclarations du témoin : « *Procès en appel de l'attentat du 14-Juillet: toujours des zones d'ombre autour de l'association de L'Ariane fréquentée par le terroriste* »[37]. Comme si l'audition du témoin avait été sans la moindre incidence. Comme si je n'avais pas assisté à la même scène.

---

37. *Nice-Matin*, 23 mai 2024.

Jeudi 23 mai
SDAT 27

SDAT 27, entendu en ce dix-neuvième jour d'audience, est un enquêteur pivot : il déposera au cours de notre audience à trois reprises. Là encore, il se présente sous la forme d'un écran de télévision opaque.

*

Sa première intervention est liée à l'implication de l'auteur de l'attentat.

L'enquêteur revient notamment sur les premières investigations qui ont permis d'orienter les enquêteurs vers les proches du terroriste et de conduire à l'interpellation et au placement en garde à vue d'individus relevant de son entourage, dont notre client. Sont pêle-mêle mentionnées des photographies de scènes de violence retrouvées sur son téléphone, mais aussi des éléments suggérant l'ancienneté de son projet, dont une photographie du 1er janvier 2016 d'un article de *Nice-Matin* intitulé « Il fonce volontairement sur la terrasse d'un restaurant ». L'enquêteur revient également sur les démarches accomplies par l'auteur de l'attentat pour louer le camion.

Concernant la défense de notre client, l'audition du témoin marque une étape décisive. En effet, alors que les investigations ont été très minutieuses, qu'elles ont duré plusieurs années, il s'avère que la totalité des échanges de Oualid G. avec Mohamed L. B. n'ont pas été exploités. Or, notre client a toujours contesté la paternité de messages adressés en janvier 2015 relatifs à *Charlie Hebdo*. De manière relativement singulière, le procès-verbal des enquêteurs ne contenait pas les messages postés avant et après par l'auteur de l'attentat.

Oualid G. avait désigné un certain Jamal A. comme l'auteur des messages relatifs à *Charlie Hebdo*. Personne n'avait jusqu'à présent eu l'idée pourtant élémentaire de regarder les échanges qui précédaient et suivaient ces messages. Oualid G., dans une démarche de vérité à l'égard de la cour, a fait le choix de les demander. Les messages en question se trouvent dans les scellés numériques dans le dossier, mais n'ont étrangement pas été exploités. En tout cas, ils ne figurent pas sur les procès-verbaux.

Les révélations sont surprenantes à l'échelle du dossier et de l'importance revêtue par cet échange intervenu en 2015.

Le premier message attribué à notre client répondait à un message d'ordre général, de Mohamed L. B. relatif à la mobilisation autour de *Charlie Hebdo*. Ce message, envoyé à plusieurs personnes dont Oualid G., n'avait jamais été révélé.

Ce qu'il faut surtout retenir, c'est que, pour la première fois, après de longues années d'information judiciaire, l'enquêteur va mentionner la totalité de l'échange de 2015 au cours de son exposé devant la juridiction. Comme si de rien n'était. Tout le monde fait comme si ces messages avaient toujours figuré expressément dans la procédure. Alors même que l'enquêteur avait déjà été entendu en première instance, il soutient, curieusement, avoir fait ce travail spécifiquement pour le dossier d'appel. Impossible de ne pas voir une coïncidence avec notre demande d'accéder à ces messages adressée à la juridiction. La cour d'assises ne mime même pas la surprise, ne pose aucune question sur cette apparition subite.

J'interroge l'enquêteur sur un fait troublant, à savoir que des personnes, à qui le message générique de *Charlie Hebdo* a également été envoyé par le terroriste et qui ont dit « ne pas être Charlie », et parfois de manière très virulente, n'ont jamais été interrogées par les enquêteurs.

La mise en lumière de la totalité des échanges révèle que les messages portent pour partie sur l'existence d'un trafic (notamment de bouteilles de vodka) auquel Oualid G. se prêtait avec Mohamed L. B. Il n'a jamais été interrogé dessus ! Là encore, l'information judiciaire est passée totalement à côté. Ces éléments sont pourtant essentiels pour comprendre l'importance quantitative des échanges.

Il est certain que la cour d'assises a la possibilité d'utiliser certains des éléments contre notre client, nous en avons conscience. Pour ma part et au contraire, non seulement cela explique beaucoup de points (dont la relation d'intérêt) mais, surtout, cela confirme l'aspect parcellaire des investigations. Si ces éléments ont échappé aux enquêteurs, d'autres ont également pu être éludés. Personne n'a réellement pris la mesure de ce qui se jouait et de ce que cela signifiait d'une enquête dont le caractère supposément complet a été totalement pulvérisé.

*

La journée se termine enfin par l'audition du témoin SDAT 172, portant sur les repérages de l'auteur de l'attentat sur les lieux des faits. C'est un exposé particulièrement long, mais nécessaire.

Nous ferons acter les éléments suivants : Oualid G. n'a pas participé aux repérages sur la Promenade des Anglais ; s'il a fait un trajet dans le camion de l'auteur de l'attentat le 11 juillet (dont il a parlé spontanément aux enquêteurs), il n'a pas emprunté les lieux de l'attaque.

Nous ferons acter le fait que les déclarations de notre client sont parfaitement conformes avec ce qui a par la suite été documenté par les enquêteurs. De plus, les repérages montrent que l'auteur de l'attentat était préparé et déterminé. Or, nous l'avons dit, il a laissé derrière lui des indices assez grossiers à l'origine des mises en cause (dont des photographies prises dans le camion avec ses supposés « complices » que les enquêteurs ont facilement retrouvées), en contradiction avec sa préparation manifestement réfléchie.

Vendredi 24 mai
« *No pasarán* »

Ce vingtième jour d'audience débute par les investigations relatives aux armes.

Lors de la perquisition du domicile de Oualid G., sera retrouvé un pistolet Bruni. Or, il s'agit d'un pistolet d'alarme acheté légalement en 2009, pour une centaine d'euros, et qui se trouve en vente libre. Cette arme ne tire pas de cartouches réelles qui pourraient blesser. La facture figure dans le dossier.

C'est une arme en vente libre et nous insisterons sur ce point, d'autant que notre client a toujours déclaré qu'il avait acheté cette dernière pour pouvoir et défendre ses belles-filles parfois importunées par de jeunes délinquants. Elle sera montrée au cours de l'audience.

Compte tenu de la nature de l'affaire, la présence de cette arme accroît bien évidemment la spirale de la suspicion. Il s'agit, par conséquent, pour nous, de l'expliquer et de revenir sur la réalité de cette arme qui, en l'absence de modification, ne peut tirer des balles réelles.

Au cours des investigations, un témoin, Saber B., met en cause notre client : Oualid G. aurait cherché à vendre une arme à Mohamed L. B. et à l'arnaquer, puisque l'arme était insusceptible de tirer des balles réelles. Saber B. n'a jamais vu cet échange, mais fait état de propos rapportés par l'auteur de l'attentat lui-même. À l'exception du témoin, personne ne relate cet épisode. De plus, nous nous interrogeons : si Oualid G. est impliqué, pourquoi tenterait-il d'arnaquer Mohamed L.B. en lui vendant une arme qu'il savait factice ? Cela n'a aucun sens.

Entre-temps – mystère des calendriers de la procédure – c'est une nouvelle partie civile qui est entendue en visioconférence depuis l'Argentine. L'intervention de cette audition en plein milieu d'une séquence enfin consacrée aux faits apparaît relativement inopportune. Ce qui pourrait sembler être un détail tenant à l'organisation de l'audience n'est absolument pas anodin : elle réinstalle un registre très émotionnel là où nous discutions enfin des faits.

Il est une chose qu'une grande partie de l'audience soit consacrée aux parties civiles ; il en est une autre que leurs auditions interviennent à tous les stades du procès et non exclusivement dans une séquence dédiée.

C'est surtout l'intervention de son avocat à l'issue de l'audition qui m'indignera. En effet, alors que sa cliente a développé (et c'était sa liberté) des considérations de politique étrangère, ce dernier prend la parole, non pour poser une question mais, après un temps de pause, la mine grave, pour avoir ce commentaire : « *no pasarán* »[38].

Je réagis immédiatement en demandant la parole. Je peine à contenir ma colère : je suis ulcéré qu'un avocat puisse formuler un commentaire de cette nature qui ne me semble aucunement lié au dossier. J'évoque la présomption d'innocence et rappelle le fait que les accusés ne sont pas poursuivis pour des faits de complicité. Surtout, il est impossible, de mon point de vue, de percevoir ce commentaire autrement que comme un message d'avertissement aux accusés, en signifiant qu'ils ne passeront pas – autrement dit, qu'ils ne seront pas acquittés et qu'il y veillera.

L'avocat de la partie civile tente de reprendre la parole pour expliquer confusément qu'il fait référence à une expression politique, un signe de ralliement contre le fascisme et pour la démocratie. Je n'ignore pas l'utilisation de cette expression

---

38. « Ils ne passeront pas. »

attribuée à la députée Dolores Ibárruri, appelant à la résistance contre le fascisme dans un discours, après l'éclatement de la guerre civile en Espagne en 1936. C'est un symbole de résistance particulièrement connu de la gauche, à tel point que lorsque Emmanuel Macron l'utilisera en 2023 pour s'adresser aux entrepreneurs, il suscitera une grande indignation[39].

De mon point de vue, cette expression est clairement destinée aux accusés et ce n'est que par une rhétorique très artificielle que mon confrère s'en défend. Elle me semble d'autant plus malvenue que nous veillons à garantir le respect de la présomption d'innocence et l'État de droit, et donc à lutter contre tous les préjugés. L'expression d'un tel commentaire, dans ce contexte, peut par conséquent être interprétée comme à l'envers de ces principes fondamentaux. Elle est une instrumentalisation d'un appel militant, en plein procès judiciaire, là où, précisément, l'enceinte judiciaire doit être protégée des effusions populistes.

*

39. « "No pasarán" : d'où vient cette expression utilisée par Emmanuel Macron qui fait bondir la gauche », Yahoo!actualités, 6 octobre 2023.

Un peu plus tard dans la journée, c'est au tour de Ramzy A. d'être entendu.

C'est une personne très spontanée qui se présente en visioconférence depuis le centre de détention où il se trouve. Il tient à préciser, lors de ses déclarations, qu'il répond pour les parties civiles.

Condamné en première instance à la peine de douze ans de réclusion criminelle pour avoir vendu une arme à l'auteur de l'attentat mais pas pour des faits de terrorisme, il n'a eu de cesse de couper la parole au ministère public qui cherchait par tous les moyens, envers et contre tout – et surtout contre la vérité de ce dossier telle qu'issue de l'arrêt de condamnation de première instance – à faire croire à une relation entre Ramzy A. et Oualid G. Toute la procédure dit le contraire, mais l'accusation n'en démord pas.

Son témoignage m'a ému. Il transpirait la sincérité et une profonde tristesse pour les souffrances subies.

Très clairement, son cas est emblématique des incohérences de ce dossier. À l'issue du procès de première instance, le caractère terroriste n'avait pas été reconnu à son encontre. Il a au surplus été condamné à une peine inférieure à celle de notre client, contre lequel les charges sont bien plus nébuleuses.

Ce qui est intéressant, c'est qu'il est dans une situation comparable avec celle de notre client. Lui aussi a reçu un message mentionnant « ADA », l'agence de location dans laquelle le terroriste s'est rendu. Son nom apparaît également sur des papiers retrouvés au domicile de l'auteur de l'attentat et son prénom est mentionné dans le fameux message où il est question de se procurer des armes et où d'autres protagonistes du dossier, dont notre client, sont mentionnés sans explication.

La comparaison avec les éléments reprochés avec notre client devrait, en toute logique, conduire à une même appréciation : si « Ramzy » est mentionné dans le message retrouvé sur le téléphone de l'auteur de l'attentat mais qu'il n'est pas condamné pour des faits de terrorisme, un même raisonnement devrait bénéficier à Oualid G.

*

Le restant de la journée est consacré aux auditions de proches de l'auteur de l'attentat. Malheureusement, un témoin capital ne peut pas être entendu. En effet, son épouse ne peut témoigner en raison de son état médical. Il est donc « passé outre » par la cour d'assises. C'est regrettable, car elle aurait pu apporter un éclairage décisif sur la personnalité très trouble du terroriste.

Sa sœur, sa tante, son oncle, son cousin sont ensuite entendus. Il s'agit de personnes relativement ordinaires.

Il en ressort un portrait très contrasté, une personnalité particulièrement complexe qui pouvait se montrer très discrète mais aussi portée vers une violence très crue. Sa tante évoque le fait qu'il a pu être maltraité pendant son enfance et qu'il pouvait être mis à l'écart car il sentait la bouse de vache, son père étant éleveur de vaches. Son cousin, manifestement assez attaché à la religion musulmane, évoque cette fois où il a pu lui montrer une vidéo gore, en arborant une mine assez réjouie, ou cette autre fois encore où il l'a accompagné à la mosquée mais sans faire ses ablutions.

En réalité, ces déclarations mettent clairement en exergue l'impossibilité de pénétrer, avec certitude, la personnalité de l'auteur, dont le caractère énigmatique ne fait pas le moindre doute. Ces témoignages sont essentiels : la reconnaissance de culpabilité dépend de ce qui a pu être perçu par les accusés de sa personnalité et de son aptitude à commettre l'irréparable. Or, une chose apparaît certaine : la personnalité de l'auteur de l'attentat est tout sauf simple.

Cette semaine s'achève. Celle qui suit s'annonce très intense.

Lundi 27 mai
Un amant qui échappe aux poursuites

Le vingt-et-unième jour d'audience débute par l'audition d'une personne clé : Roger B.

Se présente à la barre, un homme âgé de plus de 80 ans, aux cheveux teints, mais dont émane une certaine fraîcheur, voire jeunesse. Son allure est très soignée.

Il présente l'auteur de l'attentat comme une personne calme, gentille, serviable, autant de qualificatifs qui, bien sûr, contrastent frontalement avec la barbarie de l'acte. À plusieurs reprises, il déclare que le terroriste l'appelait « *mon cher ami* ». Il dira également de lui qu'il affirmait ne pas aimer « *les Arabes* ». Il faut véritablement faire un effort d'imagination pour concevoir mentalement la scène, en complet décalage avec la projection que nous avons désormais de Mohamed L. B.

Roger B. a financé son permis camion, meublé son appartement, offert un vélo et même une voiture, celle-là même qui sera achetée par notre client. Il indique à la cour d'assises qu'il n'est pas attaché aux choses matérielles, expliquant ainsi sa générosité. On comprend aussi de ses déclarations qu'il a pu lui donner des conseils pour l'aider à louer un camion, bien évidemment, sans en connaître la finalité.

Roger B. reconnaît, après l'avoir nié pendant la durée de l'information judiciaire, avoir eu avec lui des relations homosexuelles.

Quelques mois avant, Mohamed L. B. lui avait montré… une vidéo de décapitation d'otages par des combattants de l'État islamique, tout en précisant qu'il était habitué de voir de telles vidéos. Roger B. avance également l'hypothèse de son possible caractère influençable.

Sa déposition laisse songeur. Elle permet de toucher du doigt toute la complexité de la personnalité de cet individu que personne ne peut prétendre avoir véritablement percé à jour.

Nous l'interrogeons : pourquoi ne pas avoir dit, dès le départ, qu'il entretenait des relations homosexuelles avec l'auteur de l'attentat, et finir par le faire quelques mois après le réquisitoire définitif qui est venu clore l'affaire pour les autorités poursuivantes ?

Surtout, comment expliquer qu'il n'ait pas prévenu la police, alors que son « ami » regardait une vidéo de décapitation en plein état d'urgence, au moment où toute la France parlait de terrorisme ?

Nous mettons en évidence le fait que des personnes, à l'instar de Roger B., ont menti dans cette affaire et également que, en dépit d'éléments qui pouvaient très clairement susciter leur attention (comme le fait de visionner une vidéo de décapitation), ils n'ont absolument pas prévenu les autorités compétentes. La fameuse extraction des messages demandés par Oualid G. révélera de nombreux échanges entre Roger B. et Mohamed L. B. s'indignant du prix de certains anciens numéros de *Charlie Hebdo*.

Ce qui interroge, c'est que Roger B. était au courant d'un certain nombre d'éléments, dont le penchant pour la violence de l'auteur de l'attentat. Dès lors, de deux choses l'une. Soit la justice doit agir au même titre que pour les accusés, a minima en le mettant en garde à vue (il ne passera pas une minute en garde à vue et sera entendu à seulement deux reprises), soit elle doit reconnaître qu'il ne pouvait détecter la possibilité d'un passage à l'acte mais, dans ce cas, reconnaître qu'un tel raisonnement peut s'appliquer à d'autres.

Que l'on s'entende bien : le propos n'est pas d'appeler à la criminalisation, mais de souligner l'approche variable dans la judiciarisation qui en révèle toutes les absurdités. Est-ce parce qu'il est blanc et homosexuel que Roger B. n'a pas été poursuivi ? Est-ce parce qu'il n'est pas musulman ? Dès lors que la justice fait le choix de l'opportunité, elle nourrit tous les fantasmes.

En réalité, Roger B. n'a très certainement pas pris la mesure de ce qu'il voyait. La justice a fait le choix de lui faire confiance. En faisant le choix de ne pas le poursuivre, la justice a cependant privé de la possibilité de connaître l'ensemble des éléments ayant pu le conduire à ne pas agir, soit autant d'éléments qui auraient été précieux pour la défense.

C'est au tour d'Evelyne P., relation intime de Mohamed L. B., d'être entendue. On sonde à peine l'incommensurable difficulté consistant à venir, devant tous, dévoiler les ressorts de son intimité et, surtout, exposer la relation avec celui qui deviendra un monstre. Comme d'autres témoignages, ce qui apparaît à nouveau, ce sont les multiples facettes de la personnalité de l'auteur de l'attentat.

*

S'agissant de notre client, le procès débute réellement avec le prochain témoin. Il s'agit en effet de Saber B. Le témoignage de ce dernier, également originaire de M'saken en Tunisie, est une pièce maîtresse pour l'accusation.

Dans le cadre de l'enquête, alors qu'il se présente lui-même spontanément aux enquêteurs car il connaissait Mohamed L. B., il tient des propos particulièrement durs à l'encontre de Oualid G., qu'il présente comme «*instable* et «*paranoïaque*». Il le dit même «*schizophrène*». Il relate le fait que Mohamed L. B. lui avait fait part que Oualid G. aurait tenté, comme nous l'avons dit, de lui vendre une arme, mais qui n'était finalement pas en état de fonctionnement et qu'il aurait donc tenté de l'escroquer. Enfin, il décrit Oualid G. comme une personnalité en opposition vis-à-vis du système et capable de se réjouir de la commission d'attentats.

Ce qui interpelle, c'est tout d'abord l'importance démesurée apportée à ce témoignage par l'accusation. Il faut bien le dire, dans d'autres circonstances, et surtout s'il s'agissait d'un témoignage à décharge, il n'aurait certainement pas le même degré de crédit. J'ai pu le constater dans d'autres procès, et on doit le déplorer: la justice se montre généralement prudente à l'égard de tels profils, parce qu'immigrés, parce que pas nécessairement parfaitement insérés... La justice devrait également et surtout être vigilante face à des personnes qui, pour mieux se décharger de toute accusation, font le choix, précisément, d'accuser. Le statut de témoin à charge est bien plus enviable que celui de suspect. Je ne sais même pas s'il devine l'importance que revêt son témoignage dans la condamnation, en première instance, de Oualid G. Mais qu'importe, c'est un témoignage à charge donc il sert et donc il est crédible, coûte que coûte.

Ensuite et surtout, le témoignage n'est pas clair. Saber B. peine à justifier l'emploi des qualificatifs comme «*instable*» ou «*paranoïaque*». Il évoque des impressions, plus que des faits. Il n'est bien évidemment ni psychologue ni psychiatre. Il reviendra même sur le terme «*schizophrène*» au cours d'une confrontation devant le juge d'instruction avec Oualid G.

Comment combattre des «impressions»? Elles sont imparables. Saber B. «sent» que Oualid G. «*déteste la France*». Les propos «antisystème», c'est un peu, selon lui, «*comme tout le monde*». Comment expliquer à une cour d'assises, qui peut être à la recherche de tout élément pour asseoir la culpabilité, qu'il faut plus?

Dans mes questions, je tente de mettre en exergue les propres contradictions du témoin qui, décrivant Oualid G., omet plus ou moins sciemment de mentionner l'existence d'un contentieux avec ce dernier, mais aussi qu'il a cherché à maintenir des relations avec lui avant les faits et sa mise en cause judiciaire. Comment peut-il expliquer qu'il le décrive comme «*antisystème*», «*pro-attentats*» et que, de l'autre, il ne cesse pas ses relations avec lui toute séance tenante?

Enfin, Saber B. se trouve dans l'incapacité totale d'expliquer en quoi Oualid G. serait «*pro-attentats*». Il faut dire que les enquêteurs n'ont demandé aucune précision, malgré la gravité d'une telle accusation. Rien ne figure sur le procès-verbal de son audition. Ce n'est qu'aidé en appel qu'il évoque les attentats de 2012, à la demande de l'accusation, sans que l'on sache véritablement s'il en connait le détail.

Le fait est qu'il ne donne strictement aucune indication sur les propos que Oualid G. aurait tenus à la suite des attentats. C'est pour le moins problématique mais cela ne semble pas troubler outre mesure ni l'accusation, ni la juridiction.

C'est ensuite au tour de Hamdi Z., dont le frère était marié avec la sœur de Mohamed L. B. Hamdi Z. a été mis en examen et placé en détention provisoire. Il apparaît relativement perturbé. On voit le poids de cette procédure sur des épaules humaines.

Là encore, son cas révèle toute la complexité du dossier. Il connaissait l'auteur de l'attentat, son ADN ayant notamment été retrouvé sur des mégots retrouvés au domicile de ce dernier. Sa ligne a également servi à Mohamed L. B. à envoyer deux messages, dont « *15.8* », que les enquêteurs ont interprété comme la date d'un possible nouvel attentat.

Hamdi Z. figure également sur des clichés pris par l'auteur de l'attentat devant le camion. Or, la présence de ces clichés, dont Mohamed L. B. apparaît toujours être à l'origine, n'a, à ce jour, toujours aucun sens.

Sa déposition est particulièrement éclairante. Elle confirme, s'il en était encore besoin, la conduite erratique de Mohamed L. B.

Hamdi Z. ne sera pas poursuivi du chef d'association de malfaiteurs terroriste. J'espère, en l'écoutant, que la cour d'assises acceptera de reconnaître ces nuances. Qu'elle acceptera aussi de voir les nombreuses similitudes avec les faits reprochés à Oualid G. et leur sort judiciaire totalement différent.

Il est déjà presque 15 heures et nous enchaînons les témoins. Définitivement, le planning de l'audience accroît encore davantage le déséquilibre. Cette précipitation m'excède. Cela n'a aucun sens, j'ai l'impression que nous précipitons des déclarations pourtant essentielles uniquement pour tenir un « planning ». Il est très difficile, juges professionnels ou non, d'assimiler autant d'informations en si peu de temps. C'est un temps décisif et nous avalons les déclarations sans les digérer.

Un autre témoin cité par l'accusation se présente. C'est le gérant d'un kebab qui se trouve en face de l'hôtel où travaillait Oualid G. En réalité, il n'a pas grand-chose à dire sur notre client. Alors qu'il avait déclaré au cours de son audition qu'il veillait à ne pas parler religion avec Oualid G., il clarifiera son propos en indiquant que sa position était générale, afin de rester discret, d'éviter les problèmes, pour ne heurter personne en fonction des croyances ou origines des uns et des autres. C'est une position générale qui n'est pas propre à notre client.

Ce témoignage, qui occupe donc une place importante dans les débats, montre le peu d'éléments dont jouit l'accusation pour soutenir ses thèses. De mon point de vue, il est tout à fait consternant de constater que l'accusation est contrainte de faire appel à un témoin aussi peu utile, devant une cour d'assises, s'agissant d'un procès d'une telle importance et alors que notre client engage son avenir.

Khaled Ben A. est ensuite entendu. Il s'agit d'une connaissance commune de notre client et de l'auteur de l'attentat. Il indique connaître Oualid G. depuis plusieurs années, qu'il décrit comme pouvant être parfois agressif, qui joue parfois aux « Monsieur propre », à savoir qu'il surveillait attentivement ses relations – un point paradoxal avec la vision défendue par l'accusation. Ce même témoin confirme que Oualid G. l'a mis en relation avec Chokri C.

Il est finalement difficile, au terme de sa déposition, de comprendre si ce témoin est cité à charge ou à décharge, tant les éléments qu'ils apportent, à mon sens, abondent dans le sens des déclarations de notre client. Ce qui est désagréable, c'est finalement le sentiment que, pour soutenir une thèse d'accusation, il est possible de « faire son marché » dans des déclarations et de retenir ce qui arrange ou moins.

Dans cette journée définitivement longue bien que décisive pour notre client, c'est au tour de sa sœur, Jouda, d'être entendue. Nous avons fait le choix de solliciter son audition directement au président de la cour d'assises, en vertu de son pouvoir discrétionnaire. Elle n'avait pas été citée par l'accusation. Nous avons vraiment tenu à ce qu'elle soit présente.

Elle débute avec un message de compassion et de soutien aux victimes qu'elle espère éclairer dans leur quête de vérité. Elle dit aussi son amour pour la France, dont elle enseigne la langue en Tunisie.

Elle décrit les conditions dans lesquelles son frère, dont elle est proche, a vécu : un père enseignant et une famille qui a évolué dans un rapport de tolérance. Elle estime que son frère a toujours eu de la malchance et donne cette anecdote qui, selon elle, symbolise cette « poisse » depuis la naissance : il est né le jour du décès de son grand-père.

Elle soutient que la famille est proche de l'esprit de l'ancien président de la République tunisien, Habib Bourguiba, qui a notamment milité pour le développement de l'éducation et pour la condition féminine en Tunisie. Notoirement opposé au voile des femmes, il a réprimé de manière extrêmement violente le parti islamiste et a œuvré pour la libération des femmes tunisiennes.

À la fin de son audition, elle fait part de son rêve, à savoir visiter la place de la République avec son frère. Elle est très émue.

Le témoignage de la sœur de notre client permet, très clairement, de lui redonner de l'humanité. Surtout, il dévoile une famille tunisienne bourgeoise, éduquée, unie par les mêmes valeurs, dont la tolérance. Contrairement à celle de Mohamed L. B., son enfance a été heureuse et son adolescence s'est déroulée sans encombre. Ils ne sont donc pas des jumeaux du mal.

Deux témoins sont encore attendus.

Le premier est l'ancien employeur de Oualid G. Il a racheté l'hôtel dans lequel travaillait notre client pour en faire un quatre étoiles. Disons-le, c'est un peu l'archétype du patron et gestionnaire. Le point est important car, de fait, il positionne le témoin, notamment d'un point de vue social. Il s'exprime sur un subordonné dont il ne connaît pas le nom et qu'il appellera, pendant toute son audition, « Monsieur Oualid ».

Il le décrit comme quelqu'un qui « *n'était pas fait pour rester à la maison* », autrement dit pas fait pour travailler dans son hôtel qui prétendait à monter en gamme. Il ne manque pas de dire, alors qu'il ne l'avait jamais dit jusqu'à présent, que Oualid G. « *haïssait* » les femmes et notamment les « *jeunes femmes* », sans préciser son propos.

Alors qu'un contentieux a opposé notre client avec son ancien employeur portant sur les tâches exigées par le second – dont des missions relevant davantage d'un surveillant de chantier que d'un réceptionniste –, le témoin dément par ailleurs toute accusation de « *racisme* ». Il évoque, pour le prouver, le fait que sur des dizaines de collaborateurs, il emploie un « *Français* ». J'ignore encore s'il avait conscience que Oualid G. avait effectivement la nationalité française. Je le plaiderai.

Au cours de nos questions, nous soulignons l'existence de ce contentieux et la réalité des relations professionnelles avec Oualid G., qui donnait toute satisfaction à l'ancien directeur de l'hôtel. Nous essayons d'obtenir des détails sur cette supposée « *haine des jeunes femmes* », qui ne résulte d'aucun autre élément du dossier. Nous aurons, en réponse, beaucoup de « on-dit ».

En mon for intérieur, j'espère que les jugements à l'emporte-pièce n'auront pas plus de force uniquement parce qu'ils émanent d'une personne socialement favorisée, un notable, qui plus est alors qu'il est confronté à une personne de nationalité française originaire d'un pays étranger.

En fait, j'ai le sentiment que c'est aussi comme cela que se fabrique l'accusation.

L'audience se termine enfin par l'audition de Hafedh M., cousin de notre client. Nous avons fait le choix de demander son audition. Il n'a jamais été entendu jusqu'à présent. Journaliste de profession, Hafedh M. s'est rendu le 15 juillet à Nice afin de couvrir les conséquences de l'attentat pour le média international pour lequel il officiait. Or, c'est Oualid G. qui est venu le chercher à l'aéroport et c'est, selon ses déclarations, ensemble qu'ils apprendront le nom de l'auteur de l'attentat par le biais de la presse. Oualid G. fait alors le rapprochement avec le nom de Mohamed L. B. et appelle sa femme pour qu'elle vérifie sur la carte grise du véhicule Citroën qu'il vient d'acheter.

Ce témoignage, spontané, aura permis d'apporter un élément nouveau en cause d'appel, en insistant sur l'emploi du temps de notre client le

15 juillet. Il montre aussi qu'il est difficile de croire que Oualid G. aurait continué sa journée tout à fait normalement, en allant notamment chercher son cousin à l'aéroport, s'il était réellement impliqué. Surtout, Hafedh M. est celui qui a vu notre client le lendemain des faits. Son témoignage est capital mais, curieusement, il n'interviendra jamais dans le cadre des investigations, de même que nous n'aurons jamais accès à la vidéo de notre client dans l'hôtel le soir des faits.

La journée a été longue, mais nous avons la conviction d'avoir fait le maximum. Échangeant avec Me Villetard à l'issue de cette audience éprouvante, nous sommes partagés. L'audition de certains témoins a été utile, mais nous sommes consternés par la précipitation avec laquelle ils sont attendus quand on voit le temps de l'audience. Cette fabrique de l'accusation a des allures industrielles.

Mardi 28 mai
Le retour de SDAT 27

Le vingt-deuxième jour d'audience débute par l'audition du témoin SDAT 27. Bien que critiqué pendant l'audience pour ses supposées imprécisions par le parquet général pourtant à l'origine de sa citation, il est réentendu par la cour d'assises, cette fois pour évoquer spécifiquement les aspects relatifs à notre client.

Il reprend les différents éléments du dossier présentés comme étant à charge.

La question des réseaux sociaux mérite ici une attention toute particulière. En effet, si aucun contenu ouvertement radical n'a été retrouvé, un temps important est consacré à la mention de pages qui auraient été « likées », notamment sur Facebook, dont «*L'islam ma religion, inchallah jusqu'à la mort!*»; la page officielle de Tariq Ramadan; une page intitulée «*Je ne suis pas Charlie*». Un confrère de partie civile ira jusqu'à remettre en cause la laïcité revendiquée par Oualid G. au prétexte qu'il a « liké » la page « *Islam* » sur Facebook.

L'enquêteur évoque aussi la vidéo prise le 15 juillet par Oualid G. qui, à la sortie de son travail, se filme à proximité immédiate de la Promenade des Anglais et semble, selon les enquêteurs, esquisser un sourire. Pure interprétation.

Après les questions du président, l'accusation tente de remettre en cause la spontanéité des déclarations de Oualid G. Surtout, elle tente de défendre une nouvelle thèse, huit ans après, au sujet de la perquisition. En effet, alors que les photographies d'une partie du domicile laissent entrevoir un désordre apparent, elle suggère que Oualid G. aurait dissimulé des éléments. Elle détient ce qu'elle semble considérer comme une preuve ultime : « *Avez-vous retrouvé un Coran, un tapis de prière ? Pourquoi le passeport tunisien de Monsieur Oualid G. n'a-t-il pas été retrouvé ?* » À l'entendre, cette absence serait une forme de trahison.

Ces interrogations, tout à fait inédites, illustrent les dérives qui peuvent être à l'œuvre dans ces dossiers, à savoir une extension toujours plus forte des éléments à charge, même les plus imprévisibles. Jamais les enquêteurs ni le magistrat instructeur n'ont posé des questions sur ces points. À ce stade de la procédure, elles font germer des doutes invérifiables – il est beaucoup plus difficile d'obtenir des informations complémentaires – qui élargissent l'ombre de la suspicion. On confine parfois à des propos qui touchent à la liberté religieuse même.

L'avocate générale, entre autres questions, revient également sur l'importance des contacts téléphoniques entre l'auteur de l'attentat et notre client. Elle revient sur les messages relatifs à *Charlie Hebdo.*

Il faut bien le dire, et cela doit (au moins pour partie) déstabiliser l'accusation, le témoin est impartial. Contrairement à d'autres enquêteurs dans ces dossiers, il ne sert pas servilement l'accusation. À certaines questions posées par les conseils des parties civiles, j'ai pu même sentir une pointe d'agacement. Si cet agacement peut s'entendre, nous devons, du côté de la défense, nous en méfier, car il peut concourir à discréditer l'enquêteur – qui se trouve être exceptionnellement favorable car neutre – auprès de la juridiction.

Cette impartialité me surprend. Je ne dois pas être le seul. Je regrette que nous manquions d'éléments pour déterminer comment les témoins sont choisis, pourquoi certains enquêteurs osent admettre l'existence de doutes. Surtout, on mesure les limites de l'exercice pour l'accusation. Les questions visent surtout à conforter la thèse de l'accusation davantage qu'à aider à la manifestation de la vérité.

Après les questions des conseils des parties civiles – relativement peu nombreuses – c'est au tour de la défense. Notre client a acheté le véhicule du terroriste peu de temps avant les faits de manière très officielle. Aucun élément technique ne suggère qu'il ait visionné des vidéos violentes, il n'a aucune messagerie cryptée, aucun lien avec des personnes qui se trouveraient en Irak ou en Syrie… Si l'accusation prétend qu'il était au courant pour les démarches en vue de la location du camion, il n'a jamais accompagné le terroriste et n'a pas répondu aux messages qui, selon les enquêteurs, font référence aux agences de location dont « ADA ».

Nous interrogeons le témoin sur ce qui apparaît comme une évidence, à savoir l'absence de lien avec les autres personnes condamnées en première instance. En réalité, et c'est un point déterminant, Oualid G. ne connaît que Mohamed L. B. et Chokri C., mais exclusivement en lien, pour ce dernier, avec une histoire relative à la location d'un studio. L'enquête montrera qu'il a enregistré le nom de Chokri en ajoutant « studio » dans son téléphone.

C'est l'une des singularités de ce dossier : le reproche d'une association de malfaiteurs sans démonstration des liens criminels entre les uns et les autres.

Pour ma part, le témoignage de cet enquêteur montre que le dossier est entouré de « zones d'ombre » et, disons-le, ces dernières sont probablement liées au travail insuffisamment approfondi des enquêteurs. Pourquoi tous les messages n'ont-ils pas été exploités ? Pourquoi ne pas avoir plus précisément établi le parcours de Oualid G. le 15 juillet ?

En interrogeant sur ces éléments, le risque pour l'accusation est de reconnaître les carences des investigations et, surtout, de nuire à la crédibilité d'ensemble. C'est en effet un puzzle qui a été construit avec des pièces incomplètes.

Toutes ces questions en suspens préjudicient aussi bien aux parties civiles qu'aux accusés. C'est un peu une double peine. Contrairement à ce qui est la règle en temps normal, le doute ne profite pas à l'accusé. Pour les parties civiles, c'est voir s'éloigner un peu plus la vérité, la possibilité d'obtenir des réponses à des questions qu'elles se posent depuis des années.

Une démonstration juridique doit avoir pour maître-mot la cohérence. Il n'est pas possible de prêcher tout et son contraire, de prendre ce qui nous arrange dans tel témoignage et exclure le reste. À entendre l'accusation, la cohérence est pourtant le cadet de ses soucis.

*

L'audition de SDAT 27 est suivie de celle de Merle I., l'épouse de Oualid G.

Merle I. n'avait initialement pas ressenti l'énergie suffisante pour livrer son témoignage devant la cour en appel. Elle a vu son existence totalement bouleversée par une procédure qui a duré de nombreuses années. Elle n'a rien choisi. Son mari a été incarcéré très rapidement après l'attentat et elle a vu, du jour au lendemain, son quotidien chamboulé. Il ne s'agit aucunement d'établir une comparaison quelconque avec les parties civiles dont les vies sont définitivement et durablement endommagées ; simplement de le constater. En vertu de quelle règle devrions-nous nier sa souffrance ?

En première instance, Merle I. avait été traitée comme une accusée, en particulier par les conseils des parties civiles. Bien sûr, il n'est pas attendu que la cour d'assises fasse preuve de complaisance à son égard, mais il y a un juste milieu entre une audition de témoin et de ce qui procède d'un véritable interrogatoire. L'impression produite était saumâtre, donnant l'apparence d'un lynchage public. Toute sa vie a été décortiquée dans le moindre détail, à la recherche de la moindre aspérité, en particulier par les conseils des parties civiles. Cette audition a été véritablement éprouvante. Je pense que Merle I. a ressenti l'effet d'une instruction à charge et qu'elle a certainement pu mieux comprendre son mari.

En appel, elle a demandé à la cour la possibilité d'être dispensée de témoigner. Elle a fait valoir un arrêt maladie et un certain nombre de drames récents, dont la perte du père de ses enfants.

Lors d'un point fait sur le calendrier et les témoins par la cour d'assises, quelques jours avant le témoignage prévu, le président de la cour avait fait état de la demande de dispense. Au départ, l'accusation n'avait pas fait de commentaire, avant que les conseils des parties civiles fassent part de leur opposition.

Un compromis a été trouvé, puisque Merle I. est finalement entendue mais en visioconférence, un mode qui atténue la brutalité d'une comparution physique devant la juridiction.

Elle apparait d'emblée éprouvée, si ce n'est épuisée. C'est une femme blonde de plus d'une cinquante d'années, qui porte sur son visage la marque de ces années de procédure.

Elle évoque le changement d'attitude qu'elle a pu percevoir chez Mohamed L.B., qui semblait avoir, selon elle, un air hagard peu de temps avant les faits. Ces précisions se retourneront contre son mari car elles scellent, pour les magistrats, la conscience de la modification comportementale de Mohamed L. B.

Elle évoque plus généralement son mari, ce qu'elle savait des relations avec Mohamed L. B. Interrogée sur les propos du collègue de travail suggérant que son mari avait compris, dès le soir de l'attentat, qui en était l'auteur, elle évoque l'existence d'une confusion avec une autre discussion, quelques jours avant, et déclare que son mari n'avait pas connaissance de l'identité de l'auteur de l'attentat avant le lendemain.

À nouveau sont posées des questions visant à la rendre suspecte. Un conseil des parties civiles s'émeut : « *Alors que vous exerciez en tant qu'hypnothérapeute et que vous avez reçu en consultation des victimes de l'attentat, avez-vous prévenu ces dernières que vous étiez l'épouse de l'un des suspects ?* » Cette interrogation symbolise le glissement et la volonté d'utiliser le moindre élément pour fragiliser la position des accusés et de leurs proches. Elle symbolise aussi la conception très discutable de la présomption d'innocence.

Son audition sera plus courte qu'en première instance. Le président fait le choix de limiter les questions des conseils des parties civiles. Nous reviendrons quant à nous sur différents points et lui demanderons également de décrire sa relation avec son mari, dont elle louera les qualités.

Même si l'audition a été éprouvante, il était important qu'elle soit présente.

Mercredi 29 mai
Dissensions sur les bancs des avocats des parties civiles

Ce vingt-troisième jour d'audience est consacré aux investigations portant sur le second accusé. C'est à nouveau SDAT 27 qui est requis. Il est définitivement le maillon central de l'accusation et pourtant, il est le plus impartial et fait part des nombreuses incertitudes du dossier.

Je retiens surtout de cette journée l'apparition d'une nette dissension sur les bancs des avocats des parties civiles. En effet, lors des questions au témoin, l'un des conseils s'aventure : finalement, les enquêteurs ne disposeraient-ils pas surtout d'hypothèses dans ce dossier ?

Cette question, pourtant légitime, suscite une levée de boucliers, à tout le moins de certains conseils des parties civiles. Ceux-ci ne semblent pas admettre que la thèse de l'accusation puisse être remise en doute dans leurs propres rangs et estiment manifestement que leur rôle est d'accompagner l'accusation jusqu'au bout, quoi qu'il en coûte. Cette question serait donc, au mieux, malvenue et viendrait fragiliser la position de leurs clients.

Depuis le banc que j'occupe, je vois les visages se crisper et je discerne une colère tout à fait palpable dont il est difficile d'interpréter les causes. Des divisions existent-elles déjà ? Cette question viendrait-elle cristalliser définitivement des tensions entre avocats ?

Si la culpabilité était à ce point manifeste, que pourraient craindre les avocats se drapant dans l'indignation ? Que pourraient-ils craindre de la bouche de l'enquêteur, si ce n'est, à tout le moins s'agissant de SDAT 27, de la franchise ? Leur fébrilité trahit l'absence d'assurance, à leurs yeux, de la condamnation, en dépit de l'ensemble des signaux envoyés par la juridiction très largement à leur avantage.

Une telle perception, à savoir celle d'une avocate qui jouerait contre son camp, frôle bien évidemment l'exagération. Déjà parce que le procès est joué, mais aussi parce que, conformément à notre serment, nous exerçons avec dignité, conscience, indépendance, probité et humanité. La thèse de l'accusation peut être erronée et un avocat représentant les parties civiles est, me semble-t-il, aussi là pour concourir à la manifestation de la vérité, ce vers quoi nous devrions tous nous diriger. À quoi une condamnation pourrait-elle bien servir si, chaque fois, les questions qui fâchent ne sont pas posées? Un avocat ne devrait pas avoir à rendre de comptes, encore moins vis-à-vis de confrères, lorsqu'il se borne à agir en suivant ce que lui dicte sa conscience. Il faut cependant croire que, lors de ce procès, les consciences ont souvent été timides.

Il est bien certain que cette interrogation est, consciemment ou non, à l'avantage de la défense, puisqu'elle s'inscrit dans le prolongement de ce que nous tentons de démontrer depuis le début. Cependant, nous ne manifestons pas une approbation trop marquée qui, précisément, accréditerait l'idée – par ailleurs absurde – d'une question directement inspirée par la défense.

Cette question révèle l'existence d'une fracture au sein des conseils des parties civiles. Il y a les partisans de la condamnation à tout prix, même à celui de la vérité, et les autres. Il faut choisir son camp.

J'ignore si la juridiction a réprimé une certaine surprise devant cette question et la réaction de certains avocats. C'est un peu la boîte de Pandore. Je pense néanmoins que, convaincue dès le départ de la culpabilité, elle a certainement considéré cette avocate comme égarée. Mais ce ne sont que des suppositions.

Ce franchissement du non-dit dans ce procès – celui de la faiblesse des charges – a ravivé un débat qui se pose souvent devant les juridictions répressives, à savoir celui du rôle de l'avocat des parties civiles vis-à-vis de l'accusation. Rien ne lui interdit de venir au soutien de l'accusation, même s'il n'en a pas l'obligation. Néanmoins, un tel soutien ne me semble devoir s'imposer que dans les cas où le parquet n'agit pas selon ce qu'il devrait faire.

Le fait, pour un avocat des parties civiles, de se considérer comme investi de la même mission que le procureur m'apparaît d'autant plus problématique que cela a pour effet d'accroître le déséquilibre entre la défense et l'accusation, puisque nous sommes confrontés à près d'une centaine d'avocats, comme une armée de procureurs privés.

Je n'ai pas pu m'empêcher d'être embarrassé par ce que j'ai perçu de certains d'entre eux, comme une forme de manque de recul, allant parfois même jusqu'à l'animosité à l'encontre de certains accusés. Un tel sentiment ne devrait pas trouver sa place dans l'enceinte judiciaire, encore moins de la part de professionnels du droit.

Parmi les éléments d'une tentative d'explication, il faut ici dire qu'un certain nombre d'avocats exercent et vivent à Nice. Même s'ils n'ont pas été victimes de l'attentat, comment imaginer qu'ils puissent justifier d'une totale distance ?

À ceux qui soutiendraient, non sans raison, que la question pourrait très bien se poser pour les attentats du 13 Novembre, je répondrais que les situations ne sont pas nécessairement comparables. Paris est une ville d'une extraordinaire densité, comptant plus de deux millions d'habitants, là où Nice en compte aujourd'hui environ 350 000[40]. De plus, l'attentat de Nice a visé une fête nationale et un événement très populaire, augmentant par conséquent, *a minima*, la possibilité de connaître des victimes ou des témoins. J'ai notamment souvenir de cet avocat qui, au cours de l'une de ses interventions, évoquera qu'il était dans la file de voitures le soir où le terroriste a frappé.

Comme si cela ne suffisait pas, certains avocats occupent des responsabilités politiques à Nice. L'un d'eux, qui se trouve par ailleurs être l'un des plus virulents, a été adjoint au maire, Christian Estrosi… et ce, alors même que certaines parties civiles ont demandé sa mise en examen[41]. Cette confusion n'embarrasse personne. Dès lors, comment considérer comme crédible un procureur privé dont les intérêts pourraient être multiples ? L'avenir dira s'il se montrera aussi virulent à l'encontre des responsables

40. « Nice, toujours cinquième ville de France ? Les chiffres de la population en 2024 », Actu.fr, 28 décembre 2023.
41. « Attentat de Nice : une association demande la mise en examen de Christian Estrosi », 20minutes.fr, 20 juillet 2023.

publics n'ayant pas pris les mesures suffisantes pour pouvoir prévenir l'attentat.

*

La journée se poursuit par l'audition d'autres enquêteurs, portant sur des points plus résiduels. Elle s'achève par l'audition de Francesca Biagi-Chai, psychiatre citée par la défense de l'autre accusé, auteure d'un livre intitulé *Le cas Landru : À la lumière de la psychanalyse*[42], reposant sur des expertises et investigations réalisées à l'époque.

Contrainte de cet agenda infernal, l'heure est tardive et les témoins se sont succédé. Le temps d'écoute est sérieusement affaibli. Pourtant, cette déposition offre un intérêt certain, puisqu'elle permet d'introduire l'œil d'un professionnel sur l'inatteignable, à savoir la personnalité de Mohamed L. B.

La défense de Chokri C. a œuvré en vain pour qu'intervienne expertise post mortem de l'auteur de l'attentat, qui aurait permis d'éclairer les débats. Bien que nécessairement rendue incomplète par le décès du terroriste, elle aurait apporté des éléments de réflexion. Le dossier n'est pas vide : de nombreux proches ont été entendus et Mohamed L. B. a été condamné par le passé… Ces éléments constituaient

42. Imago, 2014.

autant de matériaux pour asseoir ne serait-ce qu'une analyse superficielle.

En appel, il n'est désormais plus question d'une expertise post mortem. Il est trop tard, bien que certains avocats des parties civiles s'évertuent à poser des questions à l'experte sur les difficultés d'un tel exercice, pensant à tort que sa présence, à la demande de la défense, a cette finalité.

En revanche, l'experte évoque le fait que tout passage à l'acte est un franchissement, a fortiori celui qui nous occupe, des lois de la parole. Ce franchissement est précédé d'une sorte de déclin du rapport à la réalité. Le sujet est prêt à quelque chose. Elle évoque un suicide accompagné de la haine, et mentionne également le fait que l'auteur va s'appuyer sur des tas de personnes réelles ou fantomatiques, dans le but de ne pas mourir seul. Ces explications possibles rentrent en contradiction avec la thèse défendue par l'avocate générale, à savoir que l'auteur de l'attentat n'aurait pas nécessairement prévu de mourir après avoir commis son acte mais, au contraire, de prendre la fuite.

La déposition de ce témoin présente un intérêt certain pour la défense. Elle offre des explications pouvant parfaitement se marier avec ce que nous soutenons, c'est-à-dire le piège tendu par l'auteur de l'attentat aux accusés. Cette déposition fait sortir de ses gonds l'avocate générale, conduisant le président de la cour d'assises à l'un de ses seuls – et rares – rappels à l'ordre, contraint d'intervenir pour dire qu'il n'accepte pas les invectives à l'encontre des témoins, encore moins venant du ministère public.

J'interprète cette réaction comme une manifestation de la gêne de l'accusation. Cette psychiatre vient pourtant présenter une thèse qui vaut tout autant que les autres. Cependant, puisqu'elle ne sert pas le « récit officiel », elle est marginalisée.

Jeudi 30 mai
Jour décisif

Le vingt-quatrième jour de l'audience est pour nous le plus important. Notre client doit être entendu sur la totalité de la journée.

Jusqu'à présent, excepté les déclarations spontanées faites en première semaine, Oualid G. ne s'est pas exprimé. Contrairement au procès de première instance, il le fait dans le box des accusés et non directement face à la cour, au même pupitre que celui des témoins, parties civiles et enquêteurs.

Il faut bien comprendre la pression qui peut l'habiter. Près de huit ans après le début de la procédure et alors qu'il vit à l'écart de notre société depuis de longs mois de détention, il doit trouver les mots justes, devant la cour, devant les conseils des parties civiles, devant les parties civiles elles-mêmes. Il a été soumis à des conditions d'extraction très éprouvantes avec des réveils quotidiens aux aurores et des fouilles à nu piétinant son intimité. Je trouve que les juridictions manquent trop souvent de compréhension par rapport à ces conditions particulièrement délicates.

Inutile de préciser que, pour les avocats de la défense, de tels jours sont particulièrement stressants. Ils marquent la consécration de plusieurs mois de visites et de travail, et nous savons aussi que, dans certains dossiers, les déclarations d'un accusé peuvent faire pencher la balance d'un côté comme de l'autre.

Ils sont également la conclusion de l'audience. Bien sûr, nous devrons encore plaider, mais le plus dur aura été fait après l'interrogatoire qui intervient en fin de procès. Notre mission consiste à tenir le procès jusqu'ici, en disséminant, par nos questions et interventions, le sens de notre position, pour permettre à notre client d'être dans les meilleures dispositions au moment de son interrogatoire.

Ce dossier fait clairement partie de ceux qui peuvent basculer en fonction de la perception de l'accusé par la cour. En effet, les éléments reprochés à notre client sont particulièrement ténus et on attend de lui des explications pour faire la différence. Sa crédibilité est donc capitale.

En première instance, selon la motivation de la décision, le positionnement de Oualid G. n'avait pas joué en sa faveur. Il était apparu, nous l'avons dit, pour les éléments de personnalité, comme éludant ou se contredisant sur un certain nombre de points.

Il a reconnu lui-même au début de cette audience avoir appréhendé les débats avec une forme de désinvolture. Il faut dire que l'incarcération en première instance paraissait éloignée, hypothétique au vu de la réalité des charges. Comment imaginer qu'un homme libre se voit subitement banni de la société et tenu éloigné d'elle pendant tant d'années ?

Il est évident que nous ne pouvons pas nous présenter dans les mêmes conditions devant la cour d'appel. Les «*je ne sais pas*» et les explications confuses doivent être gommés de son expression, surtout qu'il s'exprime devant une juridiction qui apparaît déjà totalement hermétique. Il est indispensable que notre client fasse un effort supplémentaire de clarté – il en va désormais du reste de sa vie.

*

Dès les premières questions, il est clair pour moi que le président cherche à orienter les débats vers la culpabilité. Les questions sont subtiles. Elles apparaissent relativement ouvertes, mais la connaissance aiguë que nous avons du dossier nous permet systématiquement de comprendre où il cherche à amener notre client. Un tel procédé a pour avantage d'éviter des expressions qui contiendraient une affirmation trop franche de culpabilité, ce qui susciterait des incidents tout en provoquant des réponses pouvant être à charge.

Alors même que l'interrogatoire ne fait que débuter, les questions sont très rapidement dirigées vers les éléments les plus à charge du dossier. Par exemple, Oualid G. est interrogé sur sa supposée tendance à épouser des thèses conspirationnistes et sur le témoin quasi central de l'accusation, le dénommé Saber B. Surtout, le président se sait en terrain conquis, car le restant de la juridiction n'a certainement pas la même connaissance que lui de la procédure. Les magistrats composant la juridiction écoutent et prennent des notes, comme s'il s'agissait d'une instruction à charge et à décharge, ce qu'elle n'est pas.

Dès les premières réponses apportées, le président se permet un commentaire sur leur supposée absence de clarté. Nous réagissons : non seulement, il nous apparaît qu'un tel commentaire n'a pas lieu d'être mais, plus encore, rien n'exprime un quelconque encouragement bienveillant à mieux se faire comprendre de la cour. Il procède d'un simple sentiment, mais qui n'est pas anodin : il peut avoir pour effet de briser la bonne volonté de celui qui s'exprime.

Je perçois cette manière de faire comme un souhait d'en finir au plus vite, au mieux en déstabilisant, au pire en annonçant ce qui est en réalité un a priori. Parole performative.

C'est d'autant plus regrettable que, dans une affaire de ce type, si certaines réponses manquent de clarté, autant les reposer ou insister.

Précisément dans le prolongement de son effort de transparence, Oualid G. reconnaît être l'auteur des messages envoyés au mois de janvier 2015, après l'avoir contesté tout au long de la procédure. Il explique, en substance, que l'attentat a rendu tout le monde fou. Il a répondu vulgairement, il regrette. Il paie très cher ce message ; il a été, selon ses propres termes, « *con* ». Les personnes qui ont suivi le dossier savent à quel point cet élément est important, puisque les juges d'instruction avaient tenté de mener des investigations en Tunisie pour retrouver le fameux Jamal A. Je pense alors que cette reconnaissance va inciter la cour à s'interroger sur la raison d'un mensonge aussi longtemps maintenu, mais la cour semble recevoir cette confession avec une forme d'impavidité, comme si elle allait de soi. Cette seule absence de réaction, je dois le dire, me désole. Elle est le fruit d'un cheminement important de notre client, nullement reconnu par une juridiction pourtant censée pénétrer les cœurs et personnaliser l'éventuelle peine. C'est aussi à ce moment que je réalise, avec un regret infini, à quel point l'affaire est déjà entendue.

Oualid G. tient à réaffirmer qu'il ne se réjouit absolument pas des attentats. Il se présente plus généralement comme une personne qui n'adhère pas du tout à l'idéologie radicale, comme un homme laïc, un homme ouvert d'esprit, qui n'est pas versé dans la violence ni dans l'idéologie du djihadisme. Il explique les photographies retrouvées sur son ordinateur, représentant des personnes connues pour des faits de terrorisme, comme étant exclusivement en lien avec des recherches sur l'actualité, par curiosité.

S'agissant de ses relations avec l'auteur de l'attentat, il reconnaît s'être livré à de menus trafics avec ce dernier. Il l'a rencontré dans une salle de sport en Tunisie, avant de le recroiser, des années plus tard, en France, dans une salle de sport. Les deux hommes auront une relation de proximité, mais les échanges révélés par les investigations montrent qu'elle est essentiellement orientée vers divers trafics et des services rendus. Il soutient qu'il voyait Mohamed L. B. surtout par intérêt et que, d'ailleurs, il n'est jamais entré chez lui et inversement.

Curieusement, on reproche à notre client d'avoir parfaitement connu l'auteur de l'attentat et le fait qu'il aurait pu détecter un possible passage à l'acte. Pourtant, les témoignages des proches ont précisément démontré l'impossibilité de cerner la personnalité de Mohamed L. B.

À plusieurs reprises, comme il l'a fait au cours du restant de l'audience, le président confond les noms de Oualid G., aussi appelé Mohamed, et de Mohamed L. B. Ce qui peut paraître au départ un simple lapsus finit par interroger. Mon agacement rejaillit également lorsque, plus tard, à l'évocation des chihuahuas de Oualid G., quelques rires fusent. Mais où sommes-nous ?

Oualid G. revient sur le déroulement de la soirée du 14 Juillet. Il travaillait à l'hôtel et affirme avoir pris en charge des personnes déboussolées ou pressées. Malheureusement, alors que les enquêteurs en disposent, rien ne sera fait pour que l'exploitation des caméras de surveillance de l'hôtel figure dans la procédure. Ce n'est pas faute d'avoir sollicité cette exploitation lors de l'audience. Il sera d'abord prétexté une histoire de mot de passe, puis l'expert indiquera que les scellés ont été altérés. Quant aux copies de travail de la SDAT, personne ne veut savoir où elles sont. On parle du second attentat le plus meurtrier de ces dernières années avec des moyens hors normes mis en œuvre, mais on ne peut pas exploiter la vidéosurveillance d'un hôtel !

Lorsqu'il voit le camion utilisé par l'auteur de l'attentat, il lui est familier mais il ne fait aucunement le rapprochement. Il est catégorique sur le fait que s'il a pu commencer à avoir des doutes ce soir-là, ce n'est que le lendemain, en allant chercher son cousin à l'aéroport qu'il entendra le nom du terroriste et qu'il demandera à son épouse de vérifier le nom sur la carte grise du véhicule acheté, obtenant ainsi la confirmation qu'il s'agissait de la même personne. Ce même jour, avant d'aller chercher son cousin, il affirme être allé au laboratoire d'analyse médicale et avoir acheté des baskets. Manifestement, son emploi du temps correspond difficilement à celui d'une personne angoissée par la procédure, sauf à ce qu'il soit à la fois le docteur Jekyll et Mister Hyde, traits que n'évoquent pas les expertises psychologiques et psychiatriques.

S'agissant de la vidéo prise le lendemain des faits sur la Promenade, il conteste l'existence de tout sourire et évoque le fait qu'il se filme régulièrement en selfie dans diverses occasions. Nous avons d'ailleurs visualisé, au cours de l'audience, de courtes vidéos prises le même jour où il est possible de discerner la même expression.

Oualid G. a répondu à la totalité des questions posées par le président, signe de la prépondérance de ce dernier dans les choix à venir. Les autres membres de la cour sont demeurés taiseux pendant l'audience. Il n'y a aucune question.

C'est le temps de la pause déjeuner.

Nous ressortons, avec Me Villetard, satisfaits de cet interrogatoire après plusieurs mois de préparation. Notre client a répondu aux questions et, à notre sens, il s'est montré clair et précis. Il peut être fier de lui. Il a eu des mots pour les victimes de l'attentat et a su se défendre vigoureusement, la voix débordante d'émotions. S'il a pu agacer certains par son caractère volubile, c'est oublier qu'il joue sa vie. C'est oublier aussi et surtout de constater que ses explications ne changent pas, et ce, malgré tous les détails donnés.

Notre tension redescend légèrement, même si le plus dur est à venir. L'accusation n'a pas encore pris la parole.

Nous décidons de déjeuner dans une brasserie à quelques pas du Palais, comme nous le faisons généralement pour débriefer ensemble de l'audience et évoquer d'autres dossiers. Le restaurant est survolé par un hélicoptère de la gendarmerie qui balaie le ciel en vue des Jeux olympiques. À nouveau se réinvitent l'enjeu sécuritaire et sa quasi-omniprésence. La perspective tenant à cet événement n'est pas si éloignée de notre procès : craignant en effet un allongement de la durée des débats, le président d'audience indiquera que, après une certaine date, à l'approche des Jeux, il ne sera plus maître de rien, puisque la préfecture n'aura plus d'effectifs pour assurer la sécurité du procès – symptôme d'une justice soumise aux contraintes matérielles de l'autorité administrative.

Au cours de ce déjeuner, je suis plus détendu que la veille car j'ai trouvé notre client convaincant. Il a fait de son mieux. Assis sur la banquette, je commande le plat du jour et nous discutons avec Jim. C'est un temps important, qui permet de marquer une interruption avec les débats, de se restaurer, mais, bien évidemment, nous ne pensons qu'au déroulement de l'audience. Nous échangeons nos impressions. Pendant toute la durée du procès, nous avons vécu cette aventure ensemble, comme deux marins ayant tenté de manier les vents pour conduire leur client à bon port.

*

L'interrogatoire reprend l'après-midi. Le président débute l'audience en indiquant que des rires et des commentaires ont été entendus dans la salle de retransmission et que cela n'est pas acceptable. Cette seule mention m'irrite. Elle évoque l'idée d'un « spectacle », dont les accusés, qui risquent vingt ans de réclusion criminelle, seraient les principaux acteurs malgré eux.

L'avocate générale débute ses questions. Son interrogatoire est symptomatique de la logique guidant les questions posées. Alors même que la question n'a jamais été posée au stade de l'instruction, elle ouvre une nouvelle porte sur ses relations avec Chokri C. Comme pour la perquisition et le désordre supposément suspect, aucune investigation n'est de nature à étayer les thèses, mais le doute s'installe.

Elle pose ensuite un certain nombre de questions sur le fond du dossier et les éléments évoqués plus haut (les comptes Facebook, ses relations avec l'auteur de l'attentat). Sa maîtrise du dossier, évidente, est mise au service d'une volonté de démontrer la culpabilité à tout prix, en miroir de la nôtre. Sauf que nous ne représentons pas la société et son besoin de savoir. Les questions, posées très rapidement, sans attendre les réponses, s'adressent davantage à la juridiction et ont pour but de déstabiliser notre client.

On retrouve ici toute la spécificité du rôle du parquet général, composé de magistrats professionnels tenus par une déontologie stricte. La loyauté de l'application de la règle de droit est une garantie contre l'arbitraire. Le magistrat du parquet doit s'attacher à rechercher les éléments de preuve de manière objective[43]. Dans le même temps, l'avocat

43. Voir le site du Conseil supérieur de la magistrature. http://www.conseil-superieur-magistrature.fr/sites/default/files/atoms/files/csm_recueilobligationsdeontologiques.pdf

général porte l'accusation, ce qui affaiblit nécessairement son objectivité, qui plus est dans un procès de cette nature.

Bien sûr, nous ne partageons pas les mêmes thèses et il ne fait pas sens ici de reprendre une à une les questions pour les déconstruire. Une chose est cependant certaine : en les écoutant, l'idée prévaut du subjectivisme, et ce, en contrariété avec les intérêts de l'accusé et de la société qui est censée attendre la vérité. Ce sont, au surplus, des hypothèses qui sont avancées, comme pour mieux masquer l'absence d'éléments concrets. C'est comme si le dossier ne souffrait d'aucun doute, que les investigations révélaient des responsabilités indubitables… Or, il n'en est rien.

Viennent ensuite les questions des parties civiles. Certaines, dont les dernières, n'en sont pas véritablement puisqu'il s'agit en réalité de simples commentaires. J'interpelle la juridiction : comment l'équilibre pourrait-il être garanti si nous permettons potentiellement à une centaine d'avocats d'exprimer – en plus des plaidoiries – des avis sur le dossier ?

L'heure tourne et le président est contraint de limiter le nombre de questions. Je partage cette volonté mais ce qui m'embarrasse, c'est qu'elle me semble davantage dictée par des considérations logistiques que justifiée par l'absence de pertinence de ces mêmes questions.

Il est déjà tard, il sera difficile de poser les nôtres ce soir. Le temps d'attention de la cour sera totalement résiduel. En première instance, les questions avaient été posées après 20 heures, devant une salle dépeuplée.

La force de la justice réside précisément dans son humanité, avec ses qualités et ses défauts. Les regards s'échangent. La fatigue se lit sur les visages, surtout que certains confrères niçois doivent faire des allers-retours qui puisent leur énergie. Nous sollicitons la suspension de l'audience, les avocats des parties civiles rejoignent cette demande. Enfin nos visions se rejoignent.

Vendredi 31 mai Questions de la défense et interrogatoire de Chokri C.

La séquence des questions posées à Oualid G. est l'occasion d'offrir un exercice de synthèse pour récapituler les points saillants de notre argumentation. Nous avons le sentiment que nous ne serons pas écoutés, mais au point où nous en sommes, nous préférons aller jusqu'au bout de l'exercice. Nous le devons pour notre client.

Elle a été mûrement préparée avec Me Villetard, jusqu'à la veille, pour l'adapter aux questions de l'accusation. Notre cabinet, proche du Palais, a été un sanctuaire pour préserver notre concentration.

*

Me Villetard reprend un certain nombre d'éléments de manière précise et affirmée. Sa maîtrise du dossier est impressionnante et il m'est impossible de ne pas en concevoir une certaine fierté. L'attention de la juridiction ne m'apparaît pas complètement au rendez-vous, mais j'espère me tromper.

Ses questions, méthodiques, dureront plusieurs heures, lors desquelles l'une de ses assesseures est prise d'un malaise. Il est nécessaire de suspendre l'audience. Cette séquence n'est pas anodine : elle évoque aussi la dureté de ces audiences à rallonge qui éprouvent les corps et les esprits. Surtout, elle est une nouvelle interruption après celle contrainte de la veille.

Cette assesseure sera finalement remplacée.

Notre première séquence de questions finit par se prolonger jusqu'à l'heure du déjeuner. Je reprendrai immédiatement après la pause méridionale, tout en conservant à l'esprit qu'un autre accusé doit ensuite s'exprimer. Ces contingences matérielles sont définitivement pesantes.

L'après-midi est ensuite consacré à l'interrogatoire du second accusé, qui se montre beaucoup plus succinct dans ses réponses. À l'instar des questions posées à notre client, j'ai le sentiment que la direction est prise vers la démonstration de la culpabilité. À croire que les questions sont destinées à remplir les cases d'une feuille de motivation de condamnation pré-rédigée.

De notre côté, il reste la plaidoirie, qui n'est finalement que l'exercice conclusif d'une audience de plusieurs semaines. Oualid G. aura la possibilité de s'exprimer en dernier, mais l'essentiel a déjà été dit.

Impression vertigineuse que de penser, après plusieurs années d'instruction, qu'un sort peut aussi dépendre d'une seule journée d'interrogatoire.

*

La phase de conclusion de cette longue audience débute par les plaidoiries des avocats des parties civiles. Dans des exercices très différents, ils se sont répartis (au moins pour une partie d'entre eux) des thèmes. Cette répartition a le mérite d'éviter, du moins dans son esprit, les redondances, alors que plus de soixante-dix avocats doivent prendre la parole.

Il ne m'appartient pas de commenter ces différentes plaidoiries, aussi bien pour des raisons déontologiques que personnelles. Après tout, chacun est dans son rôle et chacun exerce ses fonctions comme il l'entend et avec ce que lui dicte sa conscience.

J'en retiens néanmoins deux choses.

La première, c'est qu'il faut bien comprendre ici la difficulté, pour Oualid G. et sa défense, d'assister à une multitude de plaidoiries qui ont pour objet de l'accabler et donc d'empiéter, parfois lourdement, sur le rôle de l'accusation. Certaines plaidoiries étaient empreintes d'une animosité à peine voilée, mentionnant la monstruosité des accusés ou, au détour d'une phrase, rappelant que la guillotine a été abolie. Il est clair que le droit n'a pas prévu l'hypothèse de procès dans lesquels le nombre de conseils de parties civiles – inhérent au nombre de victimes – provoque un tel déséquilibre. Cette constatation est arithmétique. Il est bien évidemment possible, d'un côté, de considérer que la juridiction, composée de magistrats professionnels, fera la part des choses, mais il est impossible, d'un autre côté, de s'assurer de l'absence d'effet des discours martelés pendant une semaine entière. Surtout, dans un tel dossier, l'accusation n'a pas besoin d'avocats suppléants. Elle se suffit à elle-même.

Pour assurer une égalité, il faudrait que nous plaidions plusieurs jours. C'est un non-sens. Il faudrait composer avec chaque prise de parole, ce qui est matériellement inconcevable.

Ensuite, je me souviens de rares paroles de prudence : la nécessité de ne «*pas alimenter le désir de vengeance*», «*nous ne pensons pas tous la même chose*», «*pas de regard unique*», «*qu'il soit permis à chacun de le rappeler*», «*concourir à la vérité et non à la culpabilité*». J'ai été marqué par la plaidoirie de ma consœur Judith Lévy, que j'estime beaucoup et qui a eu le courage, sans outrance et avec humanité, de dénoncer la vindicte dont certains de ses confrères avaient pu faire l'objet parce qu'ils avaient voulu se questionner là où d'autres voulaient voir condamner. Je me rappelle les phrases suivantes : «*les présomptions, les nouvelles pistes ne font du bien à personne*» ; «*l'accusation n'a pas besoin de béquille*» ; «*discuter de la qualité de la preuve, plus c'est grave et plus cela doit être exigeant*» ; il faut la questionner «*avec humilité, humanité*», «*l'architecture de cette salle atypique ne doit pas faire oublier que nous portons la même robe et qu'il est parfaitement choquant de demander à une consœur de quitter le prétoire parce qu'elle a interrogé un enquêteur sur les hypothèses du dossier*». Tout est dit.

Ce fut peut-être un des seuls moments de panache de cette audience.

Lundi 10 juin
Une accusation plus contextuelle que factuelle

À l'issue des plaidoiries des avocats des parties civiles, c'est le temps du réquisitoire. Alors que le parquet en première instance avait requis une peine de quinze ans d'emprisonnement, vingt ans sont requis.

L'avocate générale soutient qu'il a été beaucoup question d'État de droit, mais que la présomption d'innocence aurait été respectée, ce que confirmerait la mise en liberté de Oualid G. avant son procès. L'appel est présenté comme octroyant des droits mais exposant aussi à des risques. L'aggravation en est le principal.

Pour le reste, l'avocate générale reprend les éléments à charge du dossier. Il est beaucoup question – pour ne pas dire exclusivement – d'hypothèses. Elles sont la matrice de l'accusation, là où les procès de droit commun les pulvérisent.

Oualid G. est présenté comme un complotiste, le premier à monter dans le camion. L'avocate générale évoque ses changements de version, des éléments qu'elle estime marquer sa responsabilité pénale. Elle décrit la proximité générale avec le terroriste ainsi que le nombre d'appels.

Son réquisitoire m'a semblé relativement court, seulement deux heures. Si la première partie sur le contexte, l'attentat en lui-même, était étoffée, la partie portant sur la culpabilité des accusés a été plus courte. Était-ce parce que l'accusation se savait en terrain conquis ?

Surtout, il me laisse un sentiment d'inachevé. Où est la démonstration de la projection d'un attentat le 15 août ? Pourquoi Oualid G. n'a-t-il pas immédiatement fui dans la nuit du 14 juillet ? Pourquoi ne pas se débarrasser de ses téléphones, en effacer le contenu, et notamment la vidéo prise le lendemain des faits ? L'accusation ne retient pas la complicité, mais considère qu'il était tout de même au courant et qu'il a participé à la préparation. Où est la logique ?

Tous ces pourquoi demeurent sans réponse après le réquisitoire. Seul le couperet tombe, celui d'une peine réclamée de vingt ans de réclusion criminelle et une aggravation qui viendrait, d'une certaine façon, sanctionner l'appel. En fait, ce réquisitoire laisse place à un terrible sentiment de frustration.

Au-delà de la question de la culpabilité, rien ne vient déroger au schéma de l'accusation. Toutes les zones d'ombre sont savamment gommées pour laisser place à un tout qui se veut cohérent, mais qui est en réalité un patchwork.

Encore une fois, la même peine est réclamée pour les deux accusés, au mépris de la personnalisation.

À l'issue de cette journée, Jim Villetard me confie être étrangement soulagé. Il s'attendait à une argumentation solide, implacable et sérieuse, mais n'a vu qu'une succession d'hypothèses mal ficelées, incohérentes entre elles et brouillonnes. Je ne m'attendais pas à mieux. Je partage son point de vue, mais il n'y a pour moi aucun soulagement.

Mardi 11 juin
Seul face à la cour

Nous serons les premiers à plaider pour Oualid G.[44]. Nous nous réservons la totalité de la journée en la scindant en deux, mon collaborateur plaidant en premier. Nous plaiderons en tout près de six heures, dans la droite ligne de la répartition qui a été convenue entre nous.

Dans un dossier d'une telle importance, la veille d'une plaidoirie doit être gérée. Sa perspective est nécessairement source d'appréhension, car il faut parvenir à tout dire, ne rien oublier. Il n'existe pas de droit à l'erreur, aucune possibilité de revenir en arrière; de fonction *replay*. Je considère que mes proches n'ont pas à supporter mon stress, je ne demande à personne de l'éponger. Je tente de

44. « Procès en appel de l'attentat de Nice: la défense de Mohamed Ghraieb plaide l'acquittement », *Ouest France*, 11 juin 2024.

les épargner aussi de la violence de certains témoignages et échanges. Ils ont déjà eu le mérite de me supporter pendant plusieurs mois d'audience ! Je ne demande pas non plus à être toujours compris. Si ce métier n'est pas vécu, il est difficile à imaginer dans toutes ses répercussions. Je tente d'agir normalement, en mettant de côté la dimension exceptionnelle du procès que je traite, sans obsession ni fanfaronnade.

Même en prenant du recul, je reste toujours profondément concentré et, en l'occurrence, la concentration doit se maintenir sur plusieurs semaines. Il est impossible de cesser de penser à un procès qui occupe vos journées. Le rôle de l'avocat, qui plus est dans de tels procès, pèse aussi sur les autres. Il faut parvenir à faire abstraction de ce que nous vivons pour pouvoir, en dehors de notre métier, avoir une vie familiale. Quelques mois avant le procès, j'ai eu le bonheur d'avoir un fils. Cette plaidoirie, d'une certaine façon, je lui dois aussi de la réussir, avec sa mère, pour tous les moments où j'étais affairé ou concentré sur ma défense.

Elle est aussi celle d'un procès historique, et sera peut-être examinée des années plus tard par d'autres.

Je m'apprête, pour ma part, à clôturer un dossier que je traite depuis 2016, engageant le sort d'une personne qui clame son innocence. J'ai la conviction qu'il n'a pas participé à cet attentat et qu'il n'était absolument pas au courant. Des années de travail de fond, d'échanges avec le client, d'interrogatoires, de suivi d'information judiciaire, d'audiences multiples devant la chambre de l'instruction, d'échanges avec la famille… Tout ce poids pèse sur les épaules avant même d'entamer la plaidoirie. La nécessité d'un travail de synthèse, de démonstration, sans pour autant oublier l'humain. Savoir aussi que, même si Oualid G. peut se préparer au pire, il n'en reste pas moins attentif et il a bien des raisons de l'être. Il faut également parvenir à restituer l'image que je peux avoir de Oualid G., que nous assistons depuis tant d'années et avec lequel une relation personnelle s'est immanquablement nouée. La juridiction a pu le voir pendant plusieurs semaines, mais elle ne l'a que très peu entendu. De plus, la pesanteur de l'audience empêche toute spontanéité, ou alors, elle vire rapidement à l'agacement, notamment lorsque l'accusation l'interroge.

Devant la cour d'assises spéciale – qui a accès au dossier et traite d'affaires longues –, il faut parvenir à allier la connaissance du fond du dossier et une forme d'éloquence pour ne pas perdre l'attention des juges. J'ignore si nous y sommes parvenus. Mon collaborateur a très bien plaidé (qui plus est pour sa deuxième plaidoirie aux assises), pendant trois heures d'affilée sans s'arrêter. Il a placé la barre haut et a montré sa parfaite connaissance du dossier en même temps qu'il a fragilisé les thèses de l'accusation.

*

Après le déjeuner, c'est à mon tour. Une partie du cabinet est venue écouter ma plaidoirie, dont nos secrétaires. J'en suis touché. Elles assistent aujourd'hui à la dernière étape d'un travail qui est aussi le leur. Elles sont en effet un rouage indispensable.

Avant la reprise de l'audience, j'ai installé les sous-cotes qui contiennent les principaux éléments composant ma plaidoirie sur le pupitre faisant face à la cour. Il est relativement étroit et il faut veiller à ne rien laisser tomber pour ne pas perdre son fil. J'ai fait plusieurs allers-retours entre la salle et ce pupitre, saluant des visages connus tout en restant concentré.

À la reprise de l'audience, la parole m'est donnée. J'observe les magistrats. La salle est entièrement silencieuse. Elle attend le début de la plaidoirie. C'est un mélange de tension et, en même temps, un sentiment de pouvoir, celui d'avoir l'attention de la cour et une parole, celle de la défense, qu'on ne coupe pas.

Je n'écris pas mes plaidoiries, je m'appuie sur des procès-verbaux, dans un ordre déterminé par avance et par série d'idées. Ce jour-là, ma plaidoirie durera plusieurs heures en faisant le choix ne pas solliciter de pause pour conserver l'unité de mes développements. Il faut trouver le juste tempo pour ne pas perdre son auditoire.

Je fais le choix de faire des comparaisons avec d'autres dossiers, notamment avec l'affaire du Bataclan où un accusé a été condamné à la peine de dix-huit ans après avoir reconnu avoir été envoyé par l'État islamique pour commettre un attentat en Europe[45]. Je note qu'un avocat des parties civiles a cru pouvoir comparer la vidéo de notre client avec celle d'Abdelhamid Abaaoud traînant des corps derrière son pick-up en Syrie et affirmant : « *Avant, on tractait [...] des grosses remorques remplies de bagages [...] pour aller en vacances [...] Maintenant, on tracte [...] les kouffars* »[46]. Cette seule comparaison, qui n'a pas lieu d'être, montre bien l'immense différence avec des dossiers de terrorisme « brut ». Je ne suis pas intervenu dans ces dossiers et j'affectionne généralement peu ces comparaisons, mais

45. « Procès du 13-Novembre : accusé par accusé, le détail des peines prononcées », France Inter, 29 juin 2022.
46. « Procès des attentats du 13-Novembre : deux vidéos projetées à la demande de la DGSI sèment l'effroi », tf1info.fr, 19 novembre 2021.

il me semble que ces faits ne sont absolument pas comparables avec ceux reprochés à Oualid G.

J'ai en tête les applaudissements entendus à l'issue du délibéré de première instance, et je préviens la juridiction : son rôle n'est pas de rendre un délibéré pour faire applaudir une salle d'audience ou pour la presse.

C'est un temps important pour tout avocat qui s'achève et qui représente, en l'occurrence, le point final d'une audience marathon.

Le lendemain sera consacré aux excellentes plaidoiries des confrères, Florian François-Jacquemin, Martin Mechin et Chloé Arnoux, représentant le second accusé, dont la plaidoirie particulièrement humaniste de cette dernière.

Jeudi 13 juin
Derniers mots des accusés et délibéré

Au matin, ce sont les derniers mots des accusés. Un tel exercice peut être périlleux. Il implique de reprendre la parole après avoir été interrogé, après les plaidoiries de ses avocats… La juridiction ne peut pas poser de questions et, par conséquent, il est impératif de ne pas trébucher sur les mots et d'éviter toute maladresse. Ce sont les derniers mots entendus par la cour d'assises, mais également par les parties civiles.

Au vu des circonstances, je suis plutôt dubitatif ; les marges de manœuvre sont très limitées. Mais je comprends l'état d'esprit de Oualid G. : c'est la dernière fois qu'il peut s'exprimer. Il le fera, en demandant une chance, car il n'est ni terroriste, ni violent.

Après le rappel du serment des magistrats, la décision est mise en délibéré. C'est une attente assez stressante pour les avocats, durant laquelle il est difficile de rester concentré.

En fin d'après-midi, un journaliste m'avertit : un mail est parvenu à la presse. Il aura suffi de quelques heures à la cour pour se décider. Vérification faite, je n'ai toujours rien reçu. Bien sûr, dans les affaires publiques, il n'est pas rare que les journalistes soient avertis, mais qu'ils le soient avant nous m'agace. Cela assoit ma propre conviction d'une audience destinée à répondre à un besoin de l'opinion.

Nous serons finalement avertis « officiellement » après. Le délibéré doit intervenir en début de soirée. Nous nous rendons au Palais.

Une fois l'audience reprise, le président fait se lever les accusés. La sentence tombe : ils sont condamnés à dix-huit ans de réclusion criminelle, avec deux tiers de sûreté. La peine est donc légèrement rehaussée concernant la sûreté, mais le quantum reste le même. L'accusation n'a pas été entièrement suivie.

Fait notable, le président se trompera une dernière fois en confondant Oualid G. et Mohamed L. B. lors de la sentence.

J'accueille ce délibéré avec un sentiment mitigé. Il ne me surprend pas, mais je n'en reste pas moins déçu. Il subsistait toujours un espoir – même éloigné, même mince. C'est comme si ce procès n'avait pas eu lieu. Comme si nous avions fait un tour sur nous-mêmes. Tous ces mois d'efforts n'auront servi à rien, si ce n'est à conforter la décision de première instance. Cela peut interroger, en toute humilité, sur notre rôle. À quoi servons-nous ?

La juridiction, *in fine*, ne prendra même pas la peine de répondre aux arguments soulevés en défense. À la lecture de sa motivation subsiste un goût amer, comme si Oualid G. n'avait rien dit, comme si nous n'avions rien dit. Pas une seule réponse apportée à nos arguments pourtant sérieux. Et pour cause : quasiment pas une seule mention ou référence aux moyens soulevés par la défense dans cette motivation.

Oualid G. est abattu par cette décision. Nous le savons toutefois satisfait d'avoir tout dit et d'avoir rétabli son honneur. Il nous en remerciera à plusieurs reprises. C'était pour lui la dernière possibilité d'être entendu, même s'il peut encore former un pourvoi en cassation. Il va passer les prochaines années de sa vie en détention. L'établissement des irrégularités de la procédure, liées notamment au sentiment d'une juridiction partiale, sera ardu à obtenir. Elle est suffisamment insidieuse pour ne pas être démontrée. Cette partialité n'est pas que le fait de la juridiction elle-même, elle trouve son origine dans le fonctionnement même du système.

Les lapsus répétés et les questions discutables ne suffiront certainement pas.

Il est d'usage, pour les avocats, de saluer la juridiction à la fin de l'audience. C'est ce que nous faisons. Nous restons auxiliaires de justice et nous avons vocation à nous recroiser. Ces salutations, qui ne sont pas toujours comprises des justiciables, offrent aussi un temps d'échange privilégié. Les échanges nous appartiennent, « foi du palais » oblige.

À l'issue de ces salutations, je réponds aux quelques journalistes encore présents à l'entrée de la salle. Je fais part de ma sidération, tout en soulignant le fait que cette peine était annoncée. Contrairement au procès de première instance, très peu de journalistes sont présents. En dépit de sa gravité, l'affaire intéresse peu. Elle est considérée comme déjà jugée. Notre prise de parole, en tant que conseils de la défense, intéresse encore moins.

Seule consolation, ces quelques échanges avec des parties civiles qui ont pris la mesure de ce que nous faisions et, surtout, qui ont su entendre le doute. Ce sont des échanges qui apaisent et qui permettent de sortir de la brutalité de la confrontation avec l'institution et avec tous ceux qui percevaient le procès comme devant aboutir à l'établissement de responsabilités.

Je me dis que nous n'avons pas tout perdu.

Il est clair que le déroulement de l'audience a confirmé, de loin, toutes les craintes que je pouvais avoir. Il ne peut que susciter des interrogations sur notre rôle, en tant qu'avocats de la défense. Sommes-nous là pour garantir le contradictoire ? Je sais que des résultats peuvent être obtenus devant ces juridictions, mais il n'empêche que les procès d'une telle importance en réduisent immanquablement la possibilité.

J'apprendrai par la suite, à l'occasion des démarches pour obtenir le paiement de l'aide juridictionnelle, que le procès est considéré comme « PHN », autrement dit comme « procès hors norme ». C'est peut-être cela, après tout, le hors norme. Mais le hors norme signifie-t-il de devoir juger autrement ? L'État de droit n'est-il pas le même pour tous ? Un procès se tient précisément dans le respect de normes. Il n'y a pas de procès hors norme – il y a simplement des accusés qui demandent à être défendus au mieux, et c'est là, parfois envers et contre tout, que réside notre rôle.

Pendant l'audience, j'ai dû me rendre à Nice pour visiter une détenue. Au moment de chercher de quoi me restaurer, une personne s'est placée devant moi, surprise. Je ne l'ai pas reconnue.

Il s'agissait d'une partie civile qui écoutait en direct la webradio du procès. Elle avait perdu sa fille dans l'attentat. Elle semblait penser que le fait de ne pas la reconnaître signifiait qu'elle n'était qu'un numéro, comme si son témoignage m'avait indifféré, alors que ça ne reflétait pas du tout la réalité de mon ressenti.

Cela m'a touché. Ce jour-là, je n'ai probablement pas su trouver les mots justes. Il était impossible de les trouver face à une personne endeuillée et habitée par la colère.

J'espère qu'elle et d'autres puiseront dans ce livre des éléments de réflexion pour mieux comprendre notre rôle et son intérêt pour la société.

À tous ceux qui ont rendu possible l'écriture de ce livre, à tous ceux que j'aime et chéris. Ils sont mon bien le plus précieux. Ils sont la sève de ma vie et mon inspiration.

La collection

Les faits divers interrogent nos choix et notre perception de la vie. Créée et dirigée par Plana Radenovic, la collection « Polars réels » a pour ambition de donner la parole aux acteurs des affaires judiciaires – avocats, magistrats, victimes, mis en cause, enquêteurs, experts – et, plus largement, à tous ceux capables de raconter un dossier d'instruction comme un polar réel.

Table des matières

Composition et mise en page : SIR
Dépôt légal : novembre 2024
N° d'édition : 00362
Achevé d'imprimer par Corlet
14110 Condé-en-Normandie
N° d'impression : 24100418